は　し　が　き

　平成 30 年３月に告示された高等学校学習指導要領が，令和４年度から年次進行で本格的に実施されます。

　今回の学習指導要領では，各教科等の目標及び内容が，育成を目指す資質・能力の三つの柱（「知識及び技能」，「思考力，判断力，表現力等」，「学びに向かう力，人間性等」）に沿って再整理され，各教科等でどのような資質・能力の育成を目指すのかが明確化されました。これにより，教師が「子供たちにどのような力が身に付いたか」という学習の成果を的確に捉え，主体的・対話的で深い学びの視点からの授業改善を図る，いわゆる「指導と評価の一体化」が実現されやすくなることが期待されます。

　また，子供たちや学校，地域の実態を適切に把握した上で教育課程を編成し，学校全体で教育活動の質の向上を図る「カリキュラム・マネジメント」についても明文化されました。カリキュラム・マネジメントの一側面として，「教育課程の実施状況を評価してその改善を図っていくこと」がありますが，このためには，教育課程を編成・実施し，学習評価を行い，学習評価を基に教育課程の改善・充実を図るというＰＤＣＡサイクルを確立することが重要です。このことも，まさに「指導と評価の一体化」のための取組と言えます。

　このように，「指導と評価の一体化」の必要性は，今回の学習指導要領において，より一層明確なものとなりました。そこで，国立教育政策研究所教育課程研究センターでは，「幼稚園，小学校，中学校，高等学校及び特別支援学校の学習指導要領等の改善及び必要な方策等について（答申）」（平成 28 年 12 月 21 日中央教育審議会）をはじめ，「児童生徒の学習評価の在り方について（報告）」（平成 31 年１月 21 日中央教育審議会初等中等教育分科会教育課程部会）や「小学校，中学校，高等学校及び特別支援学校等における児童生徒の学習評価及び指導要録の改善等について」（平成 31 年３月 29 日付初等中等教育局長通知）を踏まえ，令和２年３月に公表した小・中学校版に続き，高等学校版の「『指導と評価の一体化』のための学習評価に関する参考資料」を作成しました。

　本資料では，学習評価の基本的な考え方や，各教科等における評価規準の作成及び評価の実施等について解説しているほか，各教科等別に単元や題材に基づく学習評価について事例を紹介しています。各学校においては，本資料や各教育委員会等が示す学習評価に関する資料などを参考としながら，学習評価を含むカリキュラム・マネジメントを円滑に進めていただくことで，「指導と評価の一体化」を実現し，子供たちに未来の創り手となるために必要な資質・能力が育まれることを期待します。

　最後に，本資料の作成に御協力くださった方々に心から感謝の意を表します。

　　令和３年８月

　　　　　　　　　　　　　　　　　　　　　　　国 立 教 育 政 策 研 究 所
　　　　　　　　　　　　　　　　　　　　　　　教育課程研究センター長
　　　　　　　　　　　　　　　　　　　　　　　　　　鈴　木　敏　之

学習評価とは？

学習評価：学校での教育活動に関し、生徒の学習状況を評価するもの

学習評価を通して
・教師が指導の改善を図る
・生徒が自らの学習を振り返って次の学習に向かうことができるようにする

⇒評価を教育課程の改善に役立てる

1

学習評価について指摘されている課題

学習評価の現状について、学校や教師の状況によっては、以下のような課題があることが指摘されている。

・学期末や学年末などの事後での評価に終始してしまうことが多く、評価の結果が児童生徒の具体的な学習改善につながっていない

・現行の「関心・意欲・態度」の観点について、挙手の回数や毎時間ノートをとっているかなど、性格や行動面の傾向が一時的に表出された場面を捉える評価であるような誤解が払拭されていない

・教師によって評価の方針が異なり、学習改善につなげにくい

・教師が評価のための「記録」に労力を割かれて、指導に注力できない

・相当な労力をかけて記述した指導要録が、次の学年や学校段階において十分に活用されていない

生徒の意見
先生によって観点の重みが違うんです。授業態度をとても重視する先生もいるし、テストだけで判断するという先生もいます。そうすると、どう努力していけばよいのか本当にわかりにくいんです。
(中央教育審議会初等中等教育分科会教育課程部会児童生徒の学習評価に関するワーキンググループ第7回における高等学校三年生の意見より)

2

カリキュラム・マネジメントの一環としての指導と評価

「主体的・対話的で深い学び」の視点からの授業改善と評価

Plan 指導計画等の作成

Do 指導計画を踏まえた教育の実施

Check 生徒の学習状況、指導計画等の評価

Action 授業や指導計画等の改善

3

平成30年告示の学習指導要領における目標の構成

各教科等の「目標」「内容」の記述を、「知識及び技能」「思考力、判断力、表現力等」「学びに向かう力、人間性等」の資質・能力の3つの柱で再整理。

平成21年告示高等学校学習指導要領

国語
第1款　目標
国語を適切に表現し的確に理解する能力を育成し、伝え合う力を高めるとともに、思考力や想像力を伸ばし、心情を豊かにし、言語感覚を磨き、言語文化に対する関心を深め、国語を尊重してその向上を図る態度を育てる。

例えば、国語科では

平成30年告示高等学校学習指導要領

国語
第1款　目標
言葉による見方・考え方を働かせ、言語活動を通して、国語で的確に理解し効果的に表現する資質・能力を次のとおり育成することを目指す。
(1)生涯にわたる社会生活に必要な国語について、その特質を理解し適切に使うことができるようにする。【知識及び技能】
(2)生涯にわたる社会生活における他者との関わりの中で伝え合う力を高め、思考力や想像力を伸ばす。【思考力、判断力、表現力等】
(3)言葉のもつ価値への認識を深めるとともに、言語感覚を磨き、我が国の言語文化の担い手としての自覚をもち、生涯にわたり国語を尊重してその能力の向上を図る態度を養う。【学びに向かう力、人間性等】

4

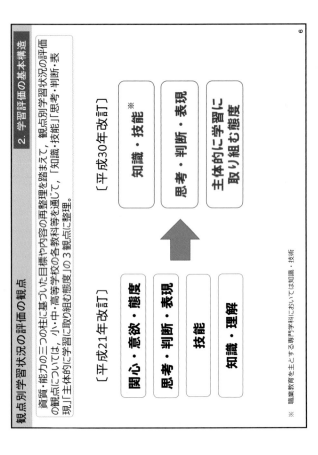

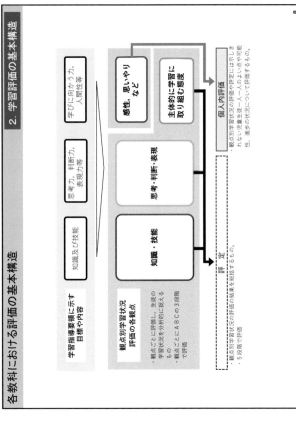
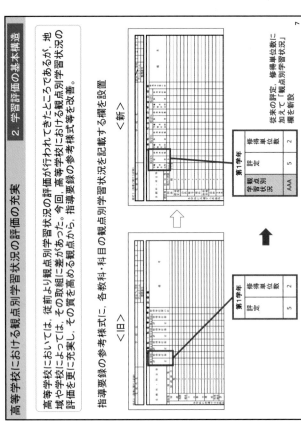

スライド9

次のようなエ夫が考えられる

● 授業において
　それぞれの教科等の特質に応じ、観察・実験をしたり、式やグラフで表現したりするなど学習した知識や技能を用いる場面を設計し評価

● ペーパーテストにおいて
　事実的な知識の習得を問う問題と知識の概念的な理解を問う問題とのバランスに配慮して出題して評価

スライド10

次のようなエ夫が考えられる

● ペーパーテストにおいて、出題の仕方をエ夫して評価

● 論述やレポートを課して評価

● 発表やグループでの話合いなどの場面で評価

● 作品の制作などにおいて多様な表現活動を設け、ポートフォリオを活用して評価

スライド11

学びに向かう力、人間性等

観点別学習状況の評価にはなじまない部分（感性、思いやり等）①

「主体的に学習に取り組む態度」として観点別学習状況の評価を通じて見取ることができる部分 ⑦

個人内評価（生徒一人一人のよい点や可能性、進歩の状況等を通じて評価するもの）等を通じて見取る。

※ 特に感性や思いやりなど生徒一人一人のよい点や可能性、進歩の状況などについては、積極的に評価し生徒に伝えることが重要。

知識及び技能を獲得したり、思考力、判断力、表現力等を身に付けたりすることに向けた粘り強い取組の中で、自らの学習を調整しようとしているかどうかを含めて評価する。

「学びに向かう力、人間性等」には、⑦主体的に学習に取り組む態度として観点別学習状況の評価を通じて見取ることができる部分と、①観点別学習状況の評価や評定にはなじまず、これらを通じて見取ることができる部分がある。

スライド12

「主体的に学習に取り組む態度」の評価のイメージ

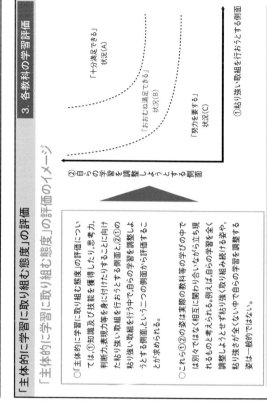

「十分満足できる」状況(A)
「おおむね満足できる」状況(B)
「努力を要する」状況(C)
②自らの学習を調整しようとする側面
①粘り強い取組を行おうとする側面

○「主体的に学習に取り組む態度」の評価については、①知識及び技能を獲得したり、思考力、判断力、表現力等を身に付けたりすることに向けた粘り強い取組を行おうとする側面と、②①の粘り強い取組を行う中で、自らの学習を調整しようとする側面という二つの側面から評価することが求められる。

○これら①②の姿は実際の教科等の学びの中では別々ではなく相互に関わり合いながら立ち現れるものと考えられる。例えば、自らの学習を全く調整しようとせず粘り強く取り組み続ける姿や、粘り強さがなく学習の調整を重ねる姿は一般的ではない。

「主体的に学習に取り組む態度」に取り組む態度」については、①知識及び技能を獲得することに向けた粘り強い取組を行ったり、思考力、判断力、表現力等を身に付けることに向けた粘り強い取組を行う中で、②自らの学習を調整しようとしているかどうかを含めて評価する。

3. 各教科の学習評価

「主体的に学習に取り組む態度」の評価

●「自らの学習を調整しようとする側面」について
　自らの学習状況を振り返って把握し、学習の進め方について試行錯誤する（微調整を繰り返す）などの意思的な側面

指導において次のような工夫も大切
■生徒が自らの理解状況を振り返ることができるような発問を工夫したり指示したりする
■内容のまとまりの中で、話し合ったり他の生徒との協働を通じて自らの考えを相対化するような場面を設ける

◎ここでの評価は、生徒の学習の調整が「適切に行われているか」を必ずしも判断するものではない。
学習の調整が適切に行われていない場合には、教師の指導が求められる。

---

3. 各教科の学習評価

観点別評価の進め方

「内容のまとまり」ごとの評価規準を作成する
→ 単元（題材）の目標を作成する
→ 単元（題材）の評価規準を作成する

指導と評価の計画を立てる
→ 授業（指導と評価）を行う
→ 評価の総括を行う

総括に用いる評価の記録については、場面を精選する

※ 職業教育を主とする専門学科においては、学習指導要領の規定から、「〔指導項目〕ごとの評価規準」とする。

---

4. 学習評価の円滑な実施に向けた取組

学習評価を行う上での各学校における留意事項①

評価の方針等の生徒との共有
学習評価の妥当性や信頼性を高めるとともに、生徒自身に学習の見通しをもたせるため、学習評価の方針を事前に生徒と共有する場面を必要に応じて設ける。

観点別学習状況の評価を行う場面の精選
観点別学習状況の評価に係る記録は、毎回の授業ではなく、単元や題材などの内容や時間のまとまりごとに行うことなど、評価場面を適切に精選する。
※日々の授業における生徒の学習状況を適宜把握して指導の改善に生かすことに重点を置くことが重要。

外部試験や検定等の学習評価への利用
外部試験や検定等（高校生のための学びの基礎診断の認定を受けた測定ツールなど）の結果を、指導や評価の改善につなげることも重要。
※外部試験や検定等は、学習指導要領の目標に準拠したものでない場合や内容を網羅的に扱うものでない場合があることから、教師が行う学習評価の補完材料である（外部試験等の結果そのものをもって教師の評価に代えることは適切ではない）ことに十分留意が必要であること。

---

4. 学習評価の円滑な実施に向けた取組

学習評価を行う上での各学校における留意事項②

教師の勤務負担軽減を図りながら学習評価の妥当性や信頼性が高められるよう、学校全体としての組織的かつ計画的な取組を行うことが重要。

学校全体としての組織的かつ計画的な取組

※例えば以下の取組が考えられる。
・教師同士での評価規準や評価方法の検討、明確化
・実践事例の蓄積・共有
・評価結果の検討等を通じた教師の力量の向上
・校内組織（学年会や教科等部会等）の活用

目次

※本冊子については，改訂後の常用漢字表（平成22年11月30日内閣告示）に基づいて表記しています（学習指導要領及び初等中等教育局長通知等の引用部分を除く）。

〔巻頭資料（スライド）について〕

　巻頭資料（スライド）は，学習評価に関する基本事項を簡潔にまとめたものです。巻頭資料の記載に目を通し概略を把握することで，本編の内容を読み進める上での一助となることや，各自治体や各学校における研修等で使用する資料の参考となることを想定しています。記載内容は最小限の情報になっているので，詳細については，本編を御参照ください。

第1編

総説

第1編　総説

本編においては，以下の資料について，それぞれ略称を用いることとする。

答申：「幼稚園，小学校，中学校，高等学校及び特別支援学校の学習指導要領等の改善及び必要な方策等について（答申）」　平成28年12月21日　中央教育審議会

報告：「児童生徒の学習評価の在り方について（報告）」　平成31年1月21日　中央教育審議会　初等中等教育分科会　教育課程部会

改善等通知：「小学校，中学校，高等学校及び特別支援学校等における児童生徒の学習評価及び指導要録の改善等について（通知）」　平成31年3月29日　初等中等教育局長通知

第1章　平成30年の高等学校学習指導要領改訂を踏まえた学習評価の改善

1　はじめに

　学習評価は，学校における教育活動に関し，生徒の学習状況を評価するものである。答申にもあるとおり，生徒の学習状況を的確に捉え，教師が指導の改善を図るとともに，生徒が自らの学びを振り返って次の学びに向かうことができるようにするためには，学習評価の在り方が極めて重要である。

　各教科等の評価については，「観点別学習状況の評価」と「評定」が学習指導要領に定める目標に準拠した評価として実施するものとされている[1]。観点別学習状況の評価とは，学校における生徒の学習状況を，複数の観点から，それぞれの観点ごとに分析的に捉える評価のことである。生徒が各教科等での学習において，どの観点で望ましい学習状況が認められ，どの観点に課題が認められるかを明らかにすることにより，具体的な指導や学習の改善に生かすことを可能とするものである。各学校において目標に準拠した観点別学習状況の評価を行うに当たっては，観点ごとに評価規準を定める必要がある。評価規準とは，観点別学習状況の評価を的確に行うため，学習指導要領に示す目標の実現の状況を判断するよりどころを表現したものである。本参考資料は，観点別学習状況の評価を実施する際に必要となる評価規準等，学習評価を行うに当たって参考となる情報をまとめたものである。

　以下，文部省指導資料から，評価規準について解説した部分を参考として引用する。

---

[1] 各教科の評価については，観点別学習状況の評価と，これらを総括的に捉える「評定」の両方について実施するものとされており，観点別学習状況の評価や評定には示しきれない生徒の一人一人のよい点や可能性，進歩の状況については，「個人内評価」として実施するものとされている（P.6～11に後述）。

（参考）評価規準の設定（抄）

（文部省「小学校教育課程一般指導資料」（平成5年9月）より）

　新しい指導要録（平成3年改訂）では，観点別学習状況の評価が効果的に行われるようにするために，「各観点ごとに学年ごとの評価規準を設定するなどの工夫を行うこと」と示されています。

　これまでの指導要録においても，観点別学習状況の評価を適切に行うため，「観点の趣旨を学年別に具体化することなどについて工夫を加えることが望ましいこと」とされており，教育委員会や学校では目標の達成の度合いを判断するための基準や尺度などの設定について研究が行われてきました。

　しかし，それらは，ともすれば知識・理解の評価が中心になりがちであり，また「目標を十分達成（＋）」，「目標をおおむね達成（空欄）」及び「達成が不十分（－）」ごとに詳細にわたって設定され，結果としてそれを単に数量的に処理することに陥りがちであったとの指摘がありました。

　今回の改訂においては，学習指導要領が目指す学力観に立った教育の実践に役立つようにすることを改訂方針の一つとして掲げ，各教科の目標に照らしてその実現の状況を評価する観点別学習状況を各教科の学習の評価の基本に据えることとしました。したがって，評価の観点についても，学習指導要領に示す目標との関連を密にして設けられています。

　このように，学習指導要領が目指す学力観に立つ教育と指導要録における評価とは一体のものであるとの考え方に立って，各教科の目標の実現の状況を「関心・意欲・態度」，「思考・判断・表現」，「技能・表現（または技能）」及び「知識・理解」の観点ごとに適切に評価するため，「評価規準を設定する」ことを明確に示しているものです。

　「評価規準」という用語については，先に述べたように，新しい学力観に立って子供たちが自ら獲得し身に付けた資質や能力の質的な面，すなわち，学習指導要領の目標に基づく幅のある資質や能力の育成の実現状況の評価を目指すという意味から用いたものです。

2　平成30年の高等学校学習指導要領改訂を踏まえた学習評価の意義

（1）学習評価の充実

　平成30年に改訂された高等学校学習指導要領総則においては，学習評価の充実について新たに項目が置かれている。具体的には，学習評価の目的等について以下のように示し，単元や題材など内容や時間のまとまりを見通しながら，生徒の主体的・対話的で深い学びの実現に向けた授業改善を行うと同時に，評価の場面や方法を工夫して，学習の過程や成果を評価することを示し，授業の改善と評価の改善を両輪として行っていくことの必要性が明示されている。

- 生徒のよい点や進歩の状況などを積極的に評価し，学習したことの意義や価値を実感できるようにすること。また，各教科・科目等の目標の実現に向けた学習状況を把握する観点から，単元や題材など内容や時間のまとまりを見通しながら評価の場面や方法を工夫して，学習の過程や成果を評価し，指導の改善や学習意欲の向上を図り，資質・能力の育成に生かすようにすること。
- 創意工夫の中で学習評価の妥当性や信頼性が高められるよう，組織的かつ計画的な取組を推進するとともに，学年や学校段階を越えて生徒の学習の成果が円滑に接続されるように工夫すること。

（高等学校学習指導要領 第1章 総則 第3款 教育課程の実施と学習評価　2 学習評価の充実）

　報告では現状の学習評価の課題として，学校や教師の状況によっては，学期末や学年末などの事後での評価に終始してしまうことが多く，評価の結果が生徒の具体的な学習改善につながっていないなどの指摘があるとしている。このため，学習評価の充実に当たっては，いわゆる評価のための評価に終わることのないよう指導と評価の一体化を図り，学習の成果だけでなく，学習の過程を一層重視し，生徒が自分自身の目標や課題をもって学習を進めていけるように評価を行うことが大切である。

　また，報告においては，教師によって学習評価の方針が異なり，生徒が学習改善につなげにくいといった現状の課題も指摘されている。平成29年度文部科学省委託調査「学習指導と学習評価に対する意識調査」（以下「平成29年度文科省意識調査」）では，学習評価への取組状況について，「A：校内で評価方法や評価規準を共有したり，授業研究を行ったりして，学習評価の改善に，学校全体で取り組んでいる」「B：評価規準の改善，評価方法の研究などは，教員個人に任されている」の二つのうちどちらに近いか尋ねたところ，高等学校では「B」又は「どちらかと言うとB」が約55％を占めている。このような現状を踏まえ，特に高等学校においては，学習評価の妥当性や信頼性を高め，授業改善や組織運営の改善に向けた学校教育全体の取組に位置付ける観点から，組織的かつ計画的に取り組むようにすることが必要である。

（2）カリキュラム・マネジメントの一環としての指導と評価

　各学校における教育活動の多くは，学習指導要領等に従い生徒や地域の実態を踏まえて編成された教育課程の下，指導計画に基づく授業（学習指導）として展開される。各学校では，生徒の学習状況を評価し，その結果を生徒の学習や教師による指導の改善や学校全体としての教育課程の改善等に生かし，学校全体として組織的かつ計画的に教育活動の質の向上を図っていくことが必要である。このように，「学習指導」と「学習評価」は学校の教育活動の根幹に当たり，教育課程に基づいて組織的かつ計画的に教育活動の質の向上を図る「カリキュラム・マネジメント」の中核的な役割を担っているのである。

（3）主体的・対話的で深い学びの視点からの授業改善と評価

　　指導と評価の一体化を図るためには，生徒一人一人の学習の成立を促すための評価という視点を一層重視し，教師が自らの指導のねらいに応じて授業での生徒の学びを振り返り，学習や指導の改善に生かしていくことが大切である。すなわち，平成30年に改訂された高等学校学習指導要領で重視している「主体的・対話的で深い学び」の視点からの授業改善を通して各教科等における資質・能力を確実に育成する上で，学習評価は重要な役割を担っている。

（4）学習評価の改善の基本的な方向性

　　（1）～（3）で述べたとおり，学習指導要領改訂の趣旨を実現するためには，学習評価の在り方が極めて重要であり，すなわち，学習評価を真に意味のあるものとし，指導と評価の一体化を実現することがますます求められている。

　　このため，報告では，以下のように学習評価の改善の基本的な方向性が示された。
① 児童生徒の学習改善につながるものにしていくこと
② 教師の指導改善につながるものにしていくこと
③ これまで慣行として行われてきたことでも，必要性・妥当性が認められないものは見直していくこと

3　平成30年の高等学校学習指導要領改訂を受けた評価の観点の整理

　　平成30年改訂学習指導要領においては，知・徳・体にわたる「生きる力」を生徒に育むために「何のために学ぶのか」という各教科等を学ぶ意義を共有しながら，授業の創意工夫や教科書等の教材の改善を促すため，全ての教科・科目等の目標及び内容を「知識及び技能」，「思考力，判断力，表現力等」，「学びに向かう力，人間性等」の育成を目指す資質・能力の三つの柱で再整理した（図1参照）。知・徳・体のバランスのとれた「生きる力」を育むことを目指すに当たっては，各教科・科目等の指導を通してどのような資質・能力の育成を目指すのかを明確にしながら教育活動の充実を図ること，その際には，生徒の発達の段階や特性を踏まえ，三つの柱に沿った資質・能力の育成がバランスよく実現できるよう留意する必要がある。

図1

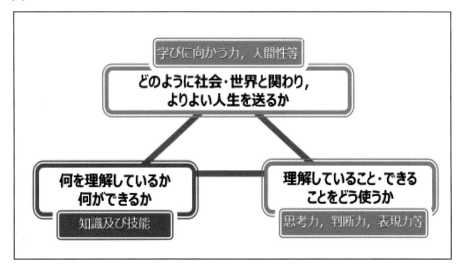

観点別学習状況の評価については，こうした教育目標や内容の再整理を踏まえて，小・中・高等学校の各教科を通じて，4観点から3観点に整理された（図2参照）。

図2

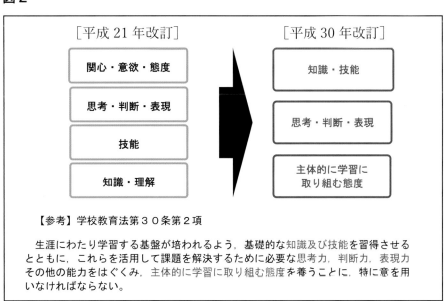

4　平成30年の高等学校学習指導要領改訂における各教科・科目の学習評価

　各教科・科目の学習評価においては，平成30年改訂においても，学習状況を分析的に捉える「観点別学習状況の評価」と，これらを総括的に捉える「評定」の両方について，学習指導要領に定める目標に準拠した評価として実施するものとされた。

　同時に，答申では「観点別学習状況の評価」について，高等学校では，知識量のみを問うペーパーテストの結果や，特定の活動の結果などのみに偏重した評価が行われているのではないかとの懸念も示されており，指導要録の様式の改善などを通じて評価の観点を明確にし，観点別学習状況の評価を更に普及させていく必要があるとされた。報告ではこの点について，以下のとおり示されている。

【高等学校における観点別学習状況の評価の扱いについて】

○　高等学校においては，従前より観点別学習状況の評価が行われてきたところであるが，地域や学校によっては，その取組に差があり，形骸化している場合があるとの指摘もある。「平成 29 年度文科省意識調査」では，高等学校が指導要録に観点別学習状況の評価を記録している割合は，13.3％にとどまる。そのため，高等学校における観点別学習状況の評価を更に充実し，その質を高める観点から，今後国が発出する学習評価及び指導要録の改善等に係る通知の「高等学校及び特別支援学校高等部の指導要録に記載する事項等」において，観点別学習状況の評価に係る説明を充実するとともに，指導要録の参考様式に記載欄を設けることとする。

これを踏まえ，改善等通知においては，高等学校生徒指導要録に新たに観点別学習状況の評価の記載欄を設けることとした上で，以下のように示されている。

【高等学校生徒指導要録】（学習指導要領に示す各教科・科目の取扱いは次のとおり）

［各教科・科目の学習の記録］

Ⅰ　観点別学習状況

　　学習指導要領に示す各教科・科目の目標に基づき，学校が生徒や地域の実態に即して定めた当該教科・科目の目標や内容に照らして，その実現状況を観点ごとに評価し記入する。その際，

　　　「十分満足できる」状況と判断されるもの：A

　　　「おおむね満足できる」状況と判断されるもの：B

　　　「努力を要する」状況と判断されるもの：C

のように区別して評価を記入する。

Ⅱ　評定

　　各教科・科目の評定は，学習指導要領に示す各教科・科目の目標に基づき，学校が生徒や地域の実態に即して定めた当該教科・科目の目標や内容に照らし，その実現状況を総括的に評価して，

　　　「十分満足できるもののうち，特に程度が高い」状況と判断されるもの：5

　　　「十分満足できる」状況と判断されるもの：4

　　　「おおむね満足できる」状況と判断されるもの：3

　　　「努力を要する」状況と判断されるもの：2

　　　「努力を要すると判断されるもののうち，特に程度が低い」状況と判断されるもの：1

のように区別して評価を記入する。

　　評定は各教科・科目の学習の状況を総括的に評価するものであり，「観点別学習状況」において掲げられた観点は，分析的な評価を行うものとして，各教科・科目の評定を行う場合において基本的な要素となるものであることに十分留意する。その際，評定の適切な決定方法等については，各学校において定める。

　「平成29年度文科省意識調査」では，「観点別学習状況の評価は実践の蓄積があり，定着してきている」に対する「そう思う」又は「まあそう思う」との回答の割合は，小学校・中学校では80%を超えるのに対し，高等学校では約45%にとどまっている。このような現状を踏まえ，今後高等学校においては，観点別学習状況の評価を更に充実し，その質を高めることが求められている。

　また，観点別学習状況の評価や評定には示しきれない生徒一人一人のよい点や可能性，進歩の状況については，「個人内評価」として実施するものとされている。改善等通知においては，「観点別学習状況の評価になじまず個人内評価の対象となるものについては，児童生徒が学習したことの意義や価値を実感できるよう，日々の教育活動等の中で児童生徒に伝えることが重要であること。特に『学びに向かう力，人間性等』のうち『感性や思いやり』など児童生徒一人一人のよい点や可能性，進歩の状況などを積極的に評価し児童生徒に伝えることが重要であること。」と示されている。

　「3　平成30年の高等学校学習指導要領改訂を受けた評価の観点の整理」も踏まえて各教科における評価の基本構造を図示化すると，以下のようになる（図3参照）。

図3

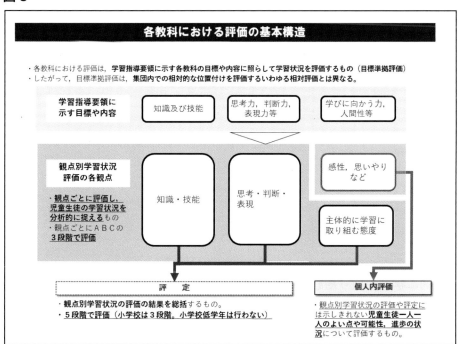

　上記の，「各教科における評価の基本構造」を踏まえた3観点の評価それぞれについての考え方は，以下の（1）～（3）のとおりとなる。なお，この考え方は，総合的な探究の時間，特別活動においても同様に考えることができる。

（1）「知識・技能」の評価について

　　「知識・技能」の評価は，各教科等における学習の過程を通した知識及び技能の習得状況について評価を行うとともに，それらを既有の知識及び技能と関連付けたり活用したりする中で，他の学習や生活の場面でも活用できる程度に概念等を理解したり，技能を習得したりしているかについても評価するものである。

　　「知識・技能」におけるこのような考え方は，従前の「知識・理解」（各教科等において習得すべき知識や重要な概念等を理解しているかを評価），「技能」（各教科等において習得すべき技能を身に付けているかを評価）においても重視してきたものである。

　　具体的な評価の方法としては，ペーパーテストにおいて，事実的な知識の習得を問う問題と，知識の概念的な理解を問う問題とのバランスに配慮するなどの工夫改善を図るとともに，例えば，生徒が文章による説明をしたり，各教科等の内容の特質に応じて，観察・実験したり，式やグラフで表現したりするなど，実際に知識や技能を用いる場面を設けるなど，多様な方法を適切に取り入れていくことが考えられる。

（2）「思考・判断・表現」の評価について

　　「思考・判断・表現」の評価は，各教科等の知識及び技能を活用して課題を解決する等のために必要な思考力，判断力，表現力等を身に付けているかを評価するものである。

　　「思考・判断・表現」におけるこのような考え方は，従前の「思考・判断・表現」の観点においても重視してきたものである。「思考・判断・表現」を評価するためには，教師は「主体的・対話的で深い学び」の視点からの授業改善をする中で，生徒が思考・判断・表現する場面を効果的に設計するなどした上で，指導・評価することが求められる。

　　具体的な評価の方法としては，ペーパーテストのみならず，論述やレポートの作成，発表，グループでの話合い，作品の制作や表現等の多様な活動を取り入れたり，それらを集めたポートフォリオを活用したりするなど評価方法を工夫することが考えられる。

（3）「主体的に学習に取り組む態度」の評価について

　　答申において「学びに向かう力，人間性等」には，①「主体的に学習に取り組む態度」として観点別学習状況の評価を通じて見取ることができる部分と，②観点別学習状況の評価や評定にはなじまず，こうした評価では示しきれないことから個人内評価を通じて見取る部分があることに留意する必要があるとされている。すなわち，②については観点別学習状況の評価の対象外とする必要がある。

　　「主体的に学習に取り組む態度」の評価に際しては，単に継続的な行動や積極的な発言を行うなど，性格や行動面の傾向を評価するということではなく，各教科等の「主体的に学習に取り組む態度」に係る観点の趣旨に照らして，知識及び技能を習得したり，思考力，判断力，表現力等を身に付けたりするために，自らの学習状況を把握し，学習の進め方について試行錯誤するなど自らの学習を調整しながら，学ぼうとしているか

どうかという意思的な側面を評価することが重要である。

　従前の「関心・意欲・態度」の観点も，各教科等の学習内容に関心をもつことのみならず，よりよく学ぼうとする意欲をもって学習に取り組む態度を評価するという考え方に基づいたものであり，この点を「主体的に学習に取り組む態度」として改めて強調するものである。

　本観点に基づく評価は，「主体的に学習に取り組む態度」に係る各教科等の評価の観点の趣旨に照らして，

①　知識及び技能を獲得したり，思考力，判断力，表現力等を身に付けたりすることに
　　向けた粘り強い取組を行おうとしている側面

②　①の粘り強い取組を行う中で，自らの学習を調整しようとする側面

という二つの側面を評価することが求められる[2]（図4参照）。

　ここでの評価は，生徒の学習の調整が「適切に行われているか」を必ずしも判断するものではなく，学習の調整が知識及び技能の習得などに結び付いていない場合には，教師が学習の進め方を適切に指導することが求められる。

　具体的な評価の方法としては，ノートやレポート等における記述，授業中の発言，教師による行動観察や生徒による自己評価や相互評価等の状況を，教師が評価を行う際に考慮する材料の一つとして用いることなどが考えられる。

図4

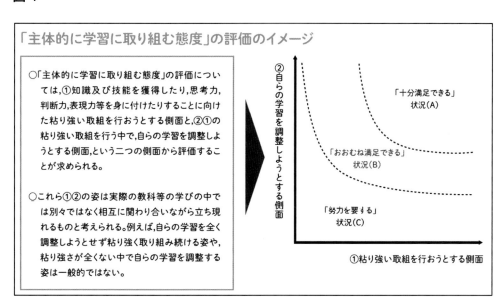

---

[2] これら①②の姿は実際の教科等の学びの中では別々ではなく相互に関わり合いながら立ち現れるものと考えられることから，実際の評価の場面においては，双方の側面を一体的に見取ることも想定される。例えば，自らの学習を全く調整しようとせず粘り強く取り組み続ける姿や，粘り強さが全くない中で自らの学習を調整する姿は一般的ではない。

　なお，学習指導要領の「2　内容」に記載のない「主体的に学習に取り組む態度」の評価については，後述する第2章1（2）を参照のこと[3]。

5　改善等通知における総合的な探究の時間，特別活動の指導要録の記録

　改善等通知においては，各教科の学習の記録とともに，以下の（1），（2）の各教科等の指導要録における学習の記録について以下のように示されている。

（1）総合的な探究の時間について

　改善等通知別紙3には，「総合的な探究の時間の記録については，この時間に行った学習活動及び各学校が自ら定めた評価の観点を記入した上で，それらの観点のうち，生徒の学習状況に顕著な事項がある場合などにその特徴を記入する等，生徒にどのような力が身に付いたかを文章で端的に記述する」とされている。また，「評価の観点については，高等学校学習指導要領等に示す総合的な探究の時間の目標を踏まえ，各学校において具体的に定めた目標，内容に基づいて別紙5を参考に定める」とされている。

（2）特別活動について

　改善等通知別紙3には，「特別活動の記録については，各学校が自ら定めた特別活動全体に係る評価の観点を記入した上で，各活動・学校行事ごとに，評価の観点に照らして十分満足できる活動の状況にあると判断される場合に，〇印を記入する」とされている。また，「評価の観点については，高等学校学習指導要領等に示す特別活動の目標を踏まえ，各学校において別紙5を参考に定める。その際，特別活動の特質や学校として重点化した内容を踏まえ，例えば『主体的に生活や人間関係をよりよくしようとする態度』などのように，より具体的に定めることも考えられる。記入に当たっては，特別活動の学習が学校やホームルームにおける集団活動や生活を対象に行われるという特質に留意する」とされている。

　なお，特別活動は学級担任以外の教師が指導する活動もあることから，評価体制を確立し，共通理解を図って，生徒のよさや可能性を多面的・総合的に評価するとともに，確実に資質・能力が育成されるよう指導の改善に生かすことが求められる。

---

[3] 各教科等によって，評価の対象に特性があることに留意する必要がある。例えば，保健体育科の体育に関する科目においては，公正や協力などを，育成する「態度」として学習指導要領に位置付けており，各教科等の目標や内容に対応した学習評価が行われることとされている。

6　障害のある生徒の学習評価について

　学習評価に関する基本的な考え方は，障害のある生徒の学習評価についても同様である。

　障害のある生徒については，特別支援学校等の助言又は援助を活用しつつ，個々の生徒の障害の状態や特性及び心身の発達の段階に応じた指導内容や指導方法の工夫を行い，その評価を適切に行うことが必要である。また，指導内容や指導方法の工夫については，学習指導要領の各教科・科目の「指導計画の作成と内容の取扱い」の「指導計画作成上の配慮事項」の「障害のある生徒への配慮についての事項」についての学習指導要領解説も参考となる。

7　評価の方針等の生徒や保護者への共有について

　学習評価の妥当性や信頼性を高めるとともに，生徒自身に学習の見通しをもたせるために，学習評価の方針を事前に生徒と共有する場面を必要に応じて設けることが求められており，生徒に評価の結果をフィードバックする際にも，どのような方針によって評価したのかを改めて生徒に共有することも重要である。

　また，学習指導要領下での学習評価の在り方や基本方針等について，様々な機会を捉えて保護者と共通理解を図ることが非常に重要である。

第2章　学習評価の基本的な流れ

1　各学科に共通する各教科における評価規準の作成及び評価の実施等について

（1）目標と「評価の観点及びその趣旨」との対応関係について

　　　　評価規準の作成に当たっては，各学校の実態に応じて目標に準拠した評価を行うために，「評価の観点及びその趣旨[4]」が各教科の目標を踏まえて作成されていることを確認することが必要である[5]。また，教科の目標と「評価の観点及びその趣旨」との関係性を踏まえ，科目の目標に対する「評価の観点の趣旨」を作成することが必要である。

　　　　なお，「主体的に学習に取り組む態度」の観点は，教科・科目の目標の（3）に対応するものであるが，観点別学習状況の評価を通じて見取ることができる部分をその内容として整理し，示していることを確認することが必要である（図5，6参照）。

図5

【学習指導要領「教科の目標」】

学習指導要領　各教科の「第1款　目標」等

(1)	(2)	(3)
（知識及び技能に関する目標）	（思考力，判断力，表現力等に関する目標）	（学びに向かう力，人間性等に関する目標）[6]

【改善等通知　別紙5「評価の観点及びその趣旨」】

観点	知識・技能	思考・判断・表現	主体的に学習に取り組む態度
趣旨	（知識・技能の観点の趣旨）	（思考・判断・表現の観点の趣旨）	（主体的に学習に取り組む態度の観点の趣旨）

---

[4] 各教科等の学習指導要領の目標の規定を踏まえ，観点別学習状況の評価の対象とするものについて整理したものが教科等の観点の趣旨である。

[5] 芸術科においては，「第2款　各科目」における音楽Ⅰ～Ⅲ，美術Ⅰ～Ⅲ，工芸Ⅰ～Ⅲ，書道Ⅰ～Ⅲについて，それぞれ科目の目標を踏まえて「評価の観点及びその趣旨」が作成されている。

[6] 学びに向かう力，人間性等に関する目標には，個人内評価として実施するものも含まれている。

図6

【学習指導要領「科目の目標」】

学習指導要領　各教科の「第2款　各科目」における科目の目標

(1)	(2)	(3)
（知識及び技能に関する目標）	（思考力，判断力，表現力等に関する目標）	（学びに向かう力，人間性等に関する目標）[7]

観点	知識・技能	思考・判断・表現	主体的に学習に取り組む態度
趣旨	（知識・技能の観点の趣旨）	（思考・判断・表現の観点の趣旨）	（主体的に学習に取り組む態度の観点の趣旨）
	科目の目標に対する「評価の観点の趣旨」は各学校等において作成する		

（2）「内容のまとまりごとの評価規準」について

　　本参考資料では，評価規準の作成等について示す。具体的には，第2編において学習指導要領の規定から「内容のまとまりごとの評価規準」を作成する際の手順を示している。ここでの「内容のまとまり」とは，学習指導要領に示す各教科等の「第2款　各科目」における各科目の「1　目標」及び「2　内容」の項目等をそのまとまりごとに細分化したり整理したりしたものである[8]。平成30年に改訂された高等学校学習指導要領においては資質・能力の三つの柱に基づく構造化が行われたところであり，各学科に共通する各教科においては，学習指導要領に示す各教科の「第2款 各科目」の「2　内容」

---

[7] 脚注6を参照

[8] 各教科等の学習指導要領の「第3款　各科目にわたる指導計画の作成と内容の取扱い」1(1)に「単元（題材）などの内容や時間のまとまり」という記載があるが，この「内容や時間のまとまり」と，本参考資料における「内容のまとまり」は同義ではないことに注意が必要である。前者は，主体的・対話的で深い学びを実現するため，主体的に学習に取り組めるよう学習の見通しを立てたり学習したことを振り返ったりして自身の学びや変容を自覚できる場面をどこに設定するか，対話によって自分の考えなどを広げたり深めたりする場面をどこに設定するか，学びの深まりをつくりだすために，生徒が考える場面と教師が教える場面をどのように組み立てるか，といった視点による授業改善は，1単位時間の授業ごとに考えるのではなく，単元や題材などの一定程度のまとまりごとに検討されるべきであることが示されたものである。後者（本参考資料における「内容のまとまり」）については，本文に述べるとおりである。

において[9]，「内容のまとまり」ごとに育成を目指す資質・能力が示されている。このため，「2 内容」の記載はそのまま学習指導の目標となりうるものである[10]。学習指導要領の目標に照らして観点別学習状況の評価を行うに当たり，生徒が資質・能力を身に付けた状況を表すために，「2 内容」の記載事項の文末を「〜すること」から「〜している」と変換したもの等を，本参考資料において「内容のまとまりごとの評価規準」と呼ぶこととする[11]。

　ただし，「主体的に学習に取り組む態度」に関しては，特に，生徒の学習への継続的な取組を通して現れる性質を有すること等から[12]，「2 内容」に記載がない[13]。そのため，各科目の「1 目標」を参考にして作成した科目の目標に対する「評価の観点の趣旨」を踏まえつつ，必要に応じて，改善等通知別紙5に示された評価の観点の趣旨のうち「主体的に学習に取り組む態度」に関わる部分を用いて「内容のまとまりごとの評価規準」を作成する必要がある。

　なお，各学校においては，「内容のまとまりごとの評価規準」の考え方を踏まえて，各学校の実態を考慮し，単元や題材の評価規準等，学習評価を行う際の評価規準を作成する。

---

[9] 外国語においては「第2款 各科目」の「1 目標」である。

[10] 「2 内容」において示されている指導事項等を整理することで「内容のまとまり」を構成している教科もある。この場合は，整理した資質・能力をもとに，構成された「内容のまとまり」に基づいて学習指導の目標を設定することとなる。また，目標や評価規準の設定は，教育課程を編成する主体である各学校が，学習指導要領に基づきつつ生徒や学校，地域の実情に応じて行うことが必要である。

[11] 各学科に共通する各教科第9節家庭については，学習指導要領の「第1款 目標」(2)及び「第2款 各科目」の「1 目標」(2)に思考力・判断力・表現力等の育成に係る学習過程が記載されているため，これらを踏まえて「内容のまとまりごとの評価規準」を作成する必要がある。

[12] 各教科等の特性によって単元や題材など内容や時間のまとまりはさまざまであることから，評価を行う際は，それぞれの実現状況が把握できる段階について検討が必要である。

[13] 各教科等によって，評価の対象に特性があることに留意する必要がある。例えば，保健体育科の体育に関する科目においては，公正や協力などを，育成する「態度」として学習指導要領に位置付けており，各教科等の目標や内容に対応した学習評価が行われることとされている。

（3）「内容のまとまりごとの評価規準」を作成する際の基本的な手順

各教科における[14]，「内容のまとまりごとの評価規準」を作成する際の基本的な手順は以下のとおりである。

学習指導要領に示された教科及び科目の目標を踏まえて，「評価の観点及びその趣旨」が作成されていることを理解した上で，

① 各教科における「内容のまとまり」と「評価の観点」との関係を確認する。

② 【観点ごとのポイント】を踏まえ，「内容のまとまりごとの評価規準」を作成する。

（4）評価の計画を立てることの重要性

学習指導のねらいが生徒の学習状況として実現されたかについて，評価規準に照らして観察し，毎時間の授業で適宜指導を行うことは，育成を目指す資質・能力を生徒に育むためには不可欠である。その上で，評価規準に照らして，観点別学習状況の評価をするための記録を取ることになる。そのためには，いつ，どのような方法で，生徒について観点別学習状況を評価するための記録を取るのかについて，評価の計画を立てることが引き続き大切である。

しかし，毎時間生徒全員について記録を取り，総括の資料とするために蓄積することは現実的ではないことからも，生徒全員の学習状況を記録に残す場面を精選し，かつ適切に評価するための評価の計画が一層重要になる。

（5）観点別学習状況の評価に係る記録の総括

適切な評価の計画の下に得た，生徒の観点別学習状況の評価に係る記録の総括の時期としては，単元（題材）末，学期末，学年末等の節目が考えられる。

総括を行う際，観点別学習状況の評価に係る記録が，観点ごとに複数ある場合は，例えば，次のような総括の方法が考えられる。

・ 評価結果のＡ，Ｂ，Ｃの数を基に総括する場合

何回か行った評価結果のＡ，Ｂ，Ｃの数が多いものが，その観点の学習の実施状況を最もよく表現しているとする考え方に立つ総括の方法である。例えば，3回評価を行った結果が「ＡＢＢ」ならばＢと総括することが考えられる。なお，「ＡＡＢＢ」の総括結果をＡとするかＢとするかなど，同数の場合や三つの記号が混在する場合の総括の仕方をあらかじめ各学校において決めておく必要がある。

---

[14] 芸術科においては，「第2款　各科目」における音楽Ⅰ～Ⅲ，美術Ⅰ～Ⅲ，工芸Ⅰ～Ⅲ，書道Ⅰ～Ⅲについて，必要に応じてそれぞれ「内容のまとまりごとの評価規準」を作成する。

・ 評価結果のＡ，Ｂ，Ｃを数値に置き換えて総括する場合

　何回か行った評価結果Ａ，Ｂ，Ｃを，例えばＡ＝３，Ｂ＝２，Ｃ＝１のように数値によって表し，合計したり平均したりする総括の方法である。例えば，総括の結果をＢとする範囲を［1.5≦平均値≦2.5］とすると，「ＡＢＢ」の平均値は，約2.3［（３＋２＋２）÷３］で総括の結果はＢとなる。

　なお，評価の各節目のうち特定の時点に重きを置いて評価を行うこともできるが，その際平均値による方法等以外についても様々な総括の方法が考えられる。

（6）観点別学習状況の評価の評定への総括

　評定は，各教科の観点別学習状況の評価を総括した数値を示すものである。評定は，生徒がどの教科の学習に望ましい学習状況が認められ，どの教科の学習に課題が認められるのかを明らかにすることにより，教育課程全体を見渡した学習状況の把握と指導や学習の改善に生かすことを可能とするものである。

　評定への総括は，学期末や学年末などに行われることが多い。学年末に評定へ総括する場合には，学期末に総括した評定の結果を基にする場合と，学年末に観点ごとに総括した結果を基にする場合が考えられる。

　観点別学習状況の評価の評定への総括は，各観点の評価結果をＡ，Ｂ，Ｃの組合せ，又は，Ａ，Ｂ，Ｃを数値で表したものに基づいて総括し，その結果を５段階で表す。

　Ａ，Ｂ，Ｃの組合せから評定に総括する場合，「ＢＢＢ」であれば３を基本としつつ，「ＡＡＡ」であれば５又は４，「ＣＣＣ」であれば２又は１とするのが適当であると考えられる。それ以外の場合は，各観点のＡ，Ｂ，Ｃの数の組合せから適切に評定することができるようあらかじめ各学校において決めておく必要がある。

　なお，観点別学習状況の評価結果は，「十分満足できる」状況と判断されるものをＡ，「おおむね満足できる」状況と判断されるものをＢ，「努力を要する」状況と判断されるものをＣのように表されるが，そこで表された学習の実現状況には幅があるため，機械的に評定を算出することは適当ではない場合も予想される。

　また，評定は，高等学校学習指導要領等に示す各教科・科目の目標に照らして，その実現状況を「十分満足できるもののうち，特に程度が高い」状況と判断されるものを５，「十分満足できる」状況と判断されるものを４，「おおむね満足できる」状況と判断されるものを３，「努力を要する」状況と判断されるものを２，「努力を要すると判断されるもののうち，特に程度が低い」状況と判断されるものを１（単位不認定）という数値で表される。しかし，この数値を生徒の学習状況について五つに分類したものとして捉えるのではなく，常にこの結果の背後にある生徒の具体的な学習の実現状況を思い描き，適切に捉えることが大切である。評定への総括に当たっては，このようなことも十分に検討する必要がある[15]。また，各学校では観点別学習状況の評価の観点ごとの総括

---

[15] 改善等通知では，「評定は各教科の学習の状況を総括的に評価するものであり，『観点別

及び評定への総括の考え方や方法について，教師間で共通理解を図り，生徒及び保護者に十分説明し理解を得ることが大切である。

2 主として専門学科（職業教育を主とする専門学科）において開設される各教科における評価規準の作成及び評価の実施等について

（1）目標と「評価の観点及びその趣旨」との対応関係について

評価規準の作成に当たっては，各学校の実態に応じて目標に準拠した評価を行うために，「評価の観点及びその趣旨」が各教科の目標を踏まえて作成されていることを確認することが必要である。また，教科の目標と「評価の観点及びその趣旨」との関係性を踏まえ，科目の目標に対する「評価の観点の趣旨」を作成することが必要である。

なお，「主体的に学習に取り組む態度」の観点は，教科・科目の目標の（3）に対応するものであるが，観点別学習状況の評価を通じて見取ることができる部分をその内容として整理し，示していることを確認することが必要である（図7，8参照）。

図7

【学習指導要領「教科の目標」】

学習指導要領　各教科の「第1款　目標」

(1)	(2)	(3)
（知識及び技術に関する目標）	（思考力，判断力，表現力等に関する目標）	（学びに向かう力，人間性等に関する目標）[16]

【改善等通知　別紙5「評価の観点及びその趣旨」】

観点	知識・技術	思考・判断・表現	主体的に学習に取り組む態度
趣旨	（知識・技術の観点の趣旨）	（思考・判断・表現の観点の趣旨）	（主体的に学習に取り組む態度の観点の趣旨）

学習状況』において掲げられた観点は，分析的な評価を行うものとして，各教科の評定を行う場合において基本的な要素となるものであることに十分留意する。その際，評定の適切な決定方法等については，各学校において定める。」と示されている（P.8参照）。

[16] 脚注6を参照

図8

【学習指導要領「科目の目標」】

学習指導要領　各教科の「第2款　各科目」における科目の目標

(1)	(2)	(3)
（知識及び技術に関する目標）	（思考力，判断力，表現力等に関する目標）	（学びに向かう力，人間性等に関する目標）[17]

観点	知識・技術	思考・判断・表現	主体的に学習に取り組む態度
趣旨	（知識・技術の観点の趣旨）	（思考・判断・表現の観点の趣旨）	（主体的に学習に取り組む態度の観点の趣旨）
	科目の目標に対する「評価の観点の趣旨」は各学校等において作成する		

（2）職業教育を主とする専門学科において開設される「〔指導項目〕ごとの評価規準」について

　職業教育を主とする専門学科においては，学習指導要領の規定から「〔指導項目〕ごとの評価規準」を作成する際の手順を示している。

　平成30年に改訂された高等学校学習指導要領においては資質・能力の三つの柱に基づく構造化が行われたところであり，職業教育を主とする専門学科においては，学習指導要領解説に示す各科目の「第2　内容とその取扱い」の「2　内容」の各〔指導項目〕において，育成を目指す資質・能力が示されている。このため，「2　内容〔指導項目〕」の記載はそのまま学習指導の目標となりうるものである。学習指導要領及び学習指導要領解説の目標に照らして観点別学習状況の評価を行うに当たり，生徒が資質・能力を身に付けた状況を表すために，「2　内容　〔指導項目〕」の記載事項の文末を「〜すること」から「〜している」と変換したもの等を，本参考資料において「〔指導項目〕ごとの評価規準」と呼ぶこととする。

　なお，職業教育を主とする専門学科については，「2　内容　〔指導項目〕」に「学びに向かう力・人間性」に係る項目が存在する。この「学びに向かう力・人間性」に係る項目から，観点別学習状況の評価になじまない部分等を除くことで「主体的に学習に取り組む態度」の「〔指導項目〕ごとの評価規準」を作成することができる。

　これらを踏まえ，職業教育を主とする専門学科においては，各科目における「内容のまとまり」を〔指導項目〕に置き換えて記載することとする。

---

[17] 脚注6を参照

　各学校においては,「〔指導項目〕ごとの評価規準」の考え方を踏まえて,各学校の実態を考慮し,単元の評価規準等,学習評価を行う際の評価規準を作成する。

（3）「〔指導項目〕ごとの評価規準」を作成する際の基本的な手順

　職業教育を主とする専門学科における,「〔指導項目〕ごとの評価規準」を作成する際の基本的な手順は以下のとおりである。

　学習指導要領に示された教科及び科目の目標を踏まえて,「評価の観点及びその趣旨」が作成されていることを理解した上で,

① 各科目における〔指導項目〕と「評価の観点」との関係を確認する。

② 【観点ごとのポイント】を踏まえ,「〔指導項目〕ごとの評価規準」を作成する。

3　総合的な探究の時間における評価規準の作成及び評価の実施等について

（1）総合的な探究の時間の「評価の観点」について

　平成30年に改訂された高等学校学習指導要領では,各教科等の目標や内容を「知識及び技能」,「思考力,判断力,表現力等」,「学びに向かう力,人間性等」の資質・能力の三つの柱で再整理しているが,このことは総合的な探究の時間においても同様である。

　総合的な探究の時間においては,学習指導要領が定める目標を踏まえて各学校が目標や内容を設定するという総合的な探究の時間の特質から,各学校が観点を設定するという枠組みが維持されている。一方で,各学校が目標や内容を定める際には,学習指導要領において示された以下について考慮する必要がある。

【各学校において定める目標】

・　各学校において定める目標については,各学校における教育目標を踏まえ,総合的な探究の時間を通して育成を目指す資質・能力を示すこと。　　　　（第2の3(1)）

　総合的な探究の時間を通して育成を目指す資質・能力を示すとは,各学校における教育目標を踏まえて,各学校において定める目標の中に,この時間を通して育成を目指す資質・能力を,三つの柱に即して具体的に示すということである。

【各学校において定める内容】

・　探究課題の解決を通して育成を目指す具体的な資質・能力については,次の事項に配慮すること。

　ア　知識及び技能については,他教科等及び総合的な探究の時間で習得する知識及び技能が相互に関連付けられ,社会の中で生きて働くものとして形成されるようにすること。

　イ　思考力,判断力,表現力等については,課題の設定,情報の収集,整理・分析,

> まとめ・表現などの探究的な学習の過程において発揮され，未知の状況において活用できるものとして身に付けられるようにすること。
>
> ウ　学びに向かう力，人間性等については，自分自身に関すること及び他者や社会との関わりに関することの両方の視点を踏まえること。　　　　　（第2の3(6)）

　各学校において定める内容について，今回の改訂では新たに，「目標を実現するにふさわしい探究課題」，「探究課題の解決を通して育成を目指す具体的な資質・能力」の二つを定めることが示された。「探究課題の解決を通して育成を目指す具体的な資質・能力」とは，各学校において定める目標に記された資質・能力を，各探究課題に即して具体的に示したものであり，教師の適切な指導の下，生徒が各探究課題の解決に取り組む中で，育成することを目指す資質・能力のことである。この具体的な資質・能力も，「知識及び技能」，「思考力，判断力，表現力等」，「学びに向かう力，人間性等」という資質・能力の三つの柱に即して設定していくことになる。

　このように，各学校において定める目標と内容には，三つの柱に沿った資質・能力が明示されることになる。

　したがって，資質・能力の三つの柱で再整理した学習指導要領の下での指導と評価の一体化を推進するためにも，評価の観点についてこれらの資質・能力に関わる「知識・技能」，「思考・判断・表現」，「主体的に学習に取り組む態度」の3観点に整理し示したところである。

（2）総合的な探究の時間の「内容のまとまり」の考え方

　学習指導要領の第2の2では，「各学校においては，第1の目標を踏まえ，各学校の総合的な探究の時間の内容を定める。」とされている。これは，各学校が，学習指導要領が定める目標の趣旨を踏まえて，地域や学校，生徒の実態に応じて，創意工夫を生かした内容を定めることが期待されているからである。

　この内容の設定に際しては，前述したように「目標を実現するにふさわしい探究課題」，「探究課題の解決を通して育成を目指す具体的な資質・能力」の二つを定めることが示され，探究課題としてどのような対象と関わり，その探究課題の解決を通して，どのような資質・能力を育成するのかが内容として記述されることになる（図9参照）。

　本参考資料第1編第2章の1（2）では，「内容のまとまり」について，「学習指導要領に示す各教科等の『第2款　各科目』における各科目の『1　目標』及び『2　内容』の項目等をそのまとまりごとに細分化したり整理したりしたもので，『内容のまとまり』ごとに育成を目指す資質・能力が示されている」と説明されている。

　したがって，総合的な探究の時間における「内容のまとまり」とは，全体計画に示した「目標を実現するにふさわしい探究課題」のうち，一つ一つの探究課題とその探究課題に応じて定めた具体的な資質・能力と考えることができる。

図9

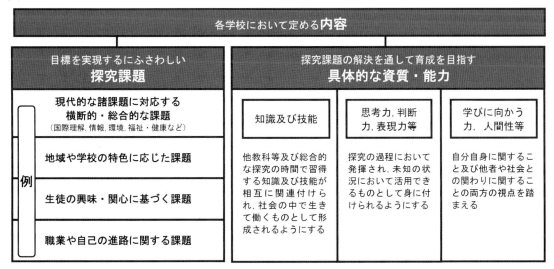

（3）「内容のまとまりごとの評価規準」を作成する際の基本的な手順

　　総合的な探究の時間における，「内容のまとまりごとの評価規準」を作成する際の基本的な手順は以下のとおりである。

---

① 　各学校において定めた目標（第2の1）と「評価の観点及びその趣旨」を確認する。

② 　各学校において定めた内容の記述（「内容のまとまり」として探究課題ごとに作成した「探究課題の解決を通して育成を目指す具体的な資質・能力」）が，観点ごとにどのように整理されているかを確認する。

③【観点ごとのポイント】を踏まえ，「内容のまとまりごとの評価規準」を作成する。

4　特別活動の「評価の観点」とその趣旨，並びに評価規準の作成及び評価の実施等について

（1）特別活動の「評価の観点」とその趣旨について

　　特別活動においては，改善等通知において示されたように，特別活動の特質と学校の創意工夫を生かすということから，設置者ではなく，「各学校で評価の観点を定める」ものとしている。本参考資料では「評価の観点」とその趣旨の設定について示している。

（2）特別活動の「内容のまとまり」

　　学習指導要領「第2　各活動・学校行事の目標及び内容」〔ホームルーム活動〕「2　内容」の「(1)ホームルームや学校における生活づくりへの参画」，「(2)日常の生活や学習への適応と自己の成長及び健康安全」，「(3)一人一人のキャリア形成と自己実現」，〔生徒会活動〕，〔学校行事〕「2　内容」の(1)儀式的行事，(2)文化的行事，(3)健康安全・体育的行事，(4)旅行・集団宿泊的行事，(5)勤労生産・奉仕的行事をそれぞれ「内容のまとまり」とした。

**（３）特別活動の「評価の観点」とその趣旨，並びに「内容のまとまりごとの評価規準」を
作成する際の基本的な手順**

　各学校においては，学習指導要領に示された特別活動の目標及び内容を踏まえ，自校
の実態に即し，改善等通知の例示を参考に観点を作成する。その際，例えば，特別活動
の特質や学校として重点化した内容を踏まえて，具体的な観点を設定することが考えられる。

　また，学習指導要領解説では，各活動・学校行事の内容ごとに育成を目指す資質・能
力が例示されている。そこで，学習指導要領で示された「各活動・学校行事の目標」及
び学習指導要領解説で例示された「資質・能力」を確認し，各学校の実態に合わせて育
成を目指す資質・能力を重点化して設定する。

　次に，各学校で設定した，各活動・学校行事で育成を目指す資質・能力を踏まえて，
「内容のまとまりごとの評価規準」を作成する。基本的な手順は以下のとおりである。

①　学習指導要領の「特別活動の目標」と改善等通知を確認する。
②　学習指導要領の「特別活動の目標」と自校の実態を踏まえ，改善等通知の例示を参考に，特別活動の「評価の観点」とその趣旨を設定する。
③　学習指導要領の「各活動・学校行事の目標」及び学習指導要領解説特別活動編（平成30年7月）で例示した「各活動・学校行事における育成を目指す資質・能力」を参考に，各学校において育成を目指す資質・能力を重点化して設定する。
④　【観点ごとのポイント】を踏まえ，「内容のまとまりごとの評価規準」を作成する。

（参考）平成 24 年「評価規準の作成，評価方法等の工夫改善のための参考資料」からの変更点について

　今回作成した本参考資料は，平成 24 年の「評価規準の作成，評価方法等の工夫改善のための参考資料」を踏襲するものであるが，以下のような変更点があることに留意が必要である[18]。

　まず，平成 24 年の参考資料において使用していた「評価規準に盛り込むべき事項」や「評価規準の設定例」については，報告において「現行の参考資料のように評価規準を詳細に示すのではなく，各教科等の特質に応じて，学習指導要領の規定から評価規準を作成する際の手順を示すことを基本とする」との指摘を受け，第 2 編において示すことを改め，本参考資料の第 3 編における事例の中で，各教科等の事例に沿った評価規準を例示したり，その作成手順等を紹介したりする形に改めている。

　次に，本参考資料の第 2 編に示す「内容のまとまりごとの評価規準」は，平成 24 年の「評価規準の作成，評価方法等の工夫改善のための参考資料」において示した「評価規準に盛り込むべき事項」と作成の手順を異にする。具体的には，「評価規準に盛り込むべき事項」は，平成 21 年改訂学習指導要領における各教科等の目標及び内容の記述を基に，学習評価及び指導要録の改善通知で示している各教科等の評価の観点及びその趣旨を踏まえて作成したものである。

　また，平成 24 年の参考資料では「評価規準に盛り込むべき事項」をより具体化したものを「評価規準の設定例」として示している。「評価規準の設定例」は，原則として，学習指導要領の各教科等の目標及び内容のほかに，当該部分の学習指導要領解説（文部科学省刊行）の記述を基に作成していた。他方，本参考資料における「内容のまとまりごとの評価規準」については，平成 30 年改訂の学習指導要領の目標及び内容が育成を目指す資質・能力に関わる記述で整理されたことから，既に確認のとおり，そこでの「内容のまとまり」ごとの記述を，文末を変換するなどにより評価規準とすることを可能としており，学習指導要領の記載と表裏一体をなす関係にあると言える。

　さらに，「主体的に学習に取り組む態度」の「各教科等の評価の観点の趣旨」についてである。前述のとおり，従前の「関心・意欲・態度」の観点から「主体的に学習に取り組む態度」の観点に改められており，「主体的に学習に取り組む態度」の観点に関しては各科目の「1　目標」を参考にしつつ，必要に応じて，改善等通知別紙 5 に示された評価の観点の趣旨のうち「主体的に学習に取り組む態度」に関わる部分を用いて「内容のまとまりごとの評価規準」を作成する必要がある。報告にあるとおり，「主体的に学習に取り組む態度」は，現行の「関心・意欲・態度」の観点の本来の趣旨であった，各教科等の学習内容に関心をもつことのみならず，よりよく学ぼうとする意欲をもって学習に取り組む

---

[18] 特別活動については，平成 30 年改訂学習指導要領を受け，初めて作成するものである。

態度を評価することを改めて強調するものである。また，本観点に基づく評価としては，「主体的に学習に取り組む態度」に係る各教科等の評価の観点の趣旨に照らし，

　　① 知識及び技能を獲得したり，思考力，判断力，表現力等を身に付けたりすることに向けた粘り強い取組を行おうとする側面と，

　　② ①の粘り強い取組を行う中で，自らの学習を調整しようとする側面，

という二つの側面を評価することが求められるとされた[19]。

　以上の点から，今回の改善等通知で示した「主体的に学習に取り組む態度」の「各教科等の評価の観点の趣旨」は，平成22年通知で示した「関心・意欲・態度」の「各教科等の評価の観点の趣旨」から改められている。

---

[19] 脚注11を参照

第２編

「内容のまとまりごとの評価規準」
を作成する際の手順

1 高等学校国語科の「内容のまとまり」

高等学校国語科における「内容のまとまり」は，以下のようになっている。

各科目とも，「2 内容」は，〔知識及び技能〕と〔思考力，判断力，表現力等〕の二つの「内容のまとまり」で示されている。これらのまとまりは，更に以下のように分けられている。

〔知識及び技能〕
  (1) 言葉の特徴や使い方に関する事項
  (2) 情報の扱い方に関する事項
  (3) 我が国の言語文化に関する事項

〔思考力，判断力，表現力等〕
  A話すこと・聞くこと
  B書くこと
  C読むこと
（「現代の国語」の場合）

  A書くこと
  B読むこと
（「言語文化」，「論理国語」，「文学国語」の場合）

  A話すこと・聞くこと
  B書くこと
（「国語表現」の場合）

  A読むこと
（「古典探究」の場合）

2 高等学校国語科における「内容のまとまりごとの評価規準」作成の手順

　ここでは，共通必履修科目「現代の国語」の〔思考力，判断力，表現力等〕の「Ａ話すこと・聞くこと」を取り上げて，「内容のまとまりごとの評価規準」作成の手順を説明する。

　まず，学習指導要領に示された教科の目標を踏まえて，「評価の観点及びその趣旨」が作成されていることを理解する。次に，教科の目標と「評価の観点及びその趣旨」との関係性を踏まえ，科目の目標に対する「評価の観点の趣旨」を作成する。その上で，①及び②の手順を踏む。

＜例　現代の国語　〔思考力，判断力，表現力等〕の「Ａ話すこと・聞くこと」＞

【高等学校学習指導要領　第2章　第1節　国語「第1款 目標」】

　言葉による見方・考え方を働かせ，言語活動を通して，国語で的確に理解し効果的に表現する資質・能力を次のとおり育成することを目指す。

(1)	(2)	(3)
生涯にわたる社会生活に必要な国語について，その特質を理解し適切に使うことができるようにする。	生涯にわたる社会生活における他者との関わりの中で伝え合う力を高め，思考力や想像力を伸ばす。	言葉のもつ価値への認識を深めるとともに，言語感覚を磨き，我が国の言語文化の担い手としての自覚をもち，生涯にわたり国語を尊重してその能力の向上を図る態度を養う。

（高等学校学習指導要領 P.33）

【改善等通知　別紙5　各教科等の評価の観点及びその趣旨　＜国語＞】

知識・技能	思考・判断・表現	主体的に学習に取り組む態度
生涯にわたる社会生活に必要な国語について，その特質を理解し適切に使っている。	「話すこと・聞くこと」，「書くこと」，「読むこと」の各領域において，生涯にわたる社会生活における他者との関わりの中で伝え合う力を高め，自分の思いや考えを広げたり深めたりしている。	言葉を通じて積極的に他者と関わったり，思いや考えを深めたりしながら，言葉のもつ価値への認識を深めようとしているとともに，言語感覚を磨き，言葉を効果的に使おうとしている。

（改善等通知　別紙5　P.1）

※　〔思考力，判断力，表現力等〕の各領域において育成を目指す資質・能力を明確にするため，「思考・判断・表現」の趣旨の冒頭に，「話すこと・聞くこと」，「書くこと」，「読むこと」の3領域を明示している。

【高等学校学習指導要領　第2章　第1節　国語「第2款　第1　現代の国語　1　目標」】

　言葉による見方・考え方を働かせ，言語活動を通して，国語で的確に理解し効果的に表現する資質・能力を次のとおり育成することを目指す。

(1)	(2)	(3)
実社会に必要な国語の知識や技能を身に付けるようにする。	論理的に考える力や深く共感したり豊かに想像したりする力を伸ばし，他者との関わりの中で伝え合う力を高め，自分の思いや考えを広げたり深めたりすることができるようにする。	言葉がもつ価値への認識を深めるとともに，生涯にわたって読書に親しみ自己を向上させ，我が国の言語文化の担い手としての自覚をもち，言葉を通して他者や社会に関わろうとする態度を養う。

（高等学校学習指導要領 P.33）

　以下は，教科の目標と「評価の観点及びその趣旨」との関係性を踏まえた，科目の目標に対する「評価の観点の趣旨」の例である。

【「第2款　第1　現代の国語」の評価の観点の趣旨（例）】

知識・技能	思考・判断・表現	主体的に学習に取り組む態度
実社会に必要な国語の知識や技能を身に付けるようにしている。	「話すこと・聞くこと」，「書くこと」，「読むこと」の各領域において，論理的に考える力や深く共感したり豊かに想像したりする力を伸ばし，他者との関わりの中で伝え合う力を高め，自分の思いや考えを広げたり深めたりすることができるようにしている。	言葉を通じて積極的に他者や社会に関わったり，思いや考えを広げたり深めたりしながら，言葉がもつ価値への認識を深めようとしているとともに，進んで読書に親しみ，言葉を効果的に使おうとしている。

※　〔思考力，判断力，表現力等〕の各領域において育成を目指す資質・能力を明確にするため，「思考・判断・表現」の趣旨の冒頭に，「話すこと・聞くこと」，「書くこと」，「読むこと」の3領域を明示している。

> ①　各教科における「内容のまとまり」と「評価の観点」との関係を確認する。

「内容のまとまり」と「評価の観点」との対応は，以下のように整理する。

「内容のまとまり」

〔知識及び技能〕	〔思考力，判断力，表現力等〕
(1) 言葉の特徴や使い方に関する事項	A話すこと・聞くこと
(2) 情報の扱い方に関する事項	B書くこと
(3) 我が国の言語文化に関する事項	C読むこと

「評価の観点」

知識・技能	思考・判断・表現	主体的に学習に取り組む態度

　つまり，〔知識及び技能〕は「知識・技能」，〔思考力，判断力，表現力等〕は「思考・判断・表現」と対応している。

| ② | 【観点ごとのポイント】を踏まえ，「内容のまとまりごとの評価規準」を作成する。 |

（1）「内容のまとまりごとの評価規準」を作成する際の【観点ごとのポイント】

　一年間を通して，当該科目に示された指導事項を身に付けることができるよう指導することを基本とする。

○「知識・技能」のポイント

・基本的に，当該単元で育成を目指す資質・能力に該当する〔知識及び技能〕の指導事項について，その文末を「～している」として，「知識・技能」の評価規準を作成する。なお，育成したい資質・能力に照らして，指導事項の一部を用いて評価規準を作成することもある。

○「思考・判断・表現」のポイント

・基本的に，当該単元で育成を目指す資質・能力に該当する〔思考力，判断力，表現力等〕の指導事項について，その文末を「～している」として，「思考・判断・表現」の評価規準を作成する。なお，育成したい資質・能力に照らして，指導事項の一部を用いて評価規準を作成することもある。

・評価規準の冒頭には，当該単元で指導する一領域を「（領域名を入れる）において，」と明記する。

○「主体的に学習に取り組む態度」のポイント

・第1編で説明されているように，①知識及び技能を獲得したり，思考力，判断力，表現力等を身に付けたりすることに向けた粘り強い取組を行おうとする側面と，②①の粘り強い取組を行う中で，自らの学習を調整しようとする側面の双方を適切に評価できる評価規準を作成する。文末は「～しようとしている」とする。科目の「評価の観点の趣旨」においては，主として，①に関しては「言葉を通じて積極的に他者や社会に関わったり」，②に関しては「思いや考えを広げたり深めたりしながら」が対応する。①，②を踏まえ，当該単元で育成する資質・能力と言語活動に応じて文言を作成する。

（2）学習指導要領の「2　内容」 及び 「内容のまとまりごとの評価規準（例）」

＜例　「現代の国語」の〔思考力，判断力，表現力等〕の「A話すこと・聞くこと」＞
　〔知識及び技能〕(1)カ，〔思考力，判断力，表現力等〕A(1)ア及びウを単元の目標とし，〔思考力，判断力，表現力等〕A(2)「エ　集めた情報を資料にまとめ，聴衆に対して発表する活動」を通して指導する場合の評価規準の例

	知識及び技能	思考力，判断力，表現力等	学びに向かう力，人間性等
学習指導要領 2 内容	(1)カ 比喩，例示，言い換えなどの修辞や，直接的な述べ方や婉曲的な述べ方について理解し使うこと。	ア　目的や場に応じて，実社会の中から適切な話題を決め，様々な観点から情報を収集，整理して，伝え合う内容を検討すること。 ウ　話し言葉の特徴を踏まえて話したり，場の状況に応じて資料や機器を効果的に用いたりするなど，相手の理解が得られるように表現を工夫すること。	国語科の内容には，「学びに向かう力，人間性等」に係る指導事項は示されていない。そのため，当該科目目標(3)を参考に作成する。

	知識・技能	思考・判断・表現	主体的に学習に取り組む態度
内容のまとまりごとの評価規準　例	・比喩，例示，言い換えなどの修辞について理解し使っている。（(1)カ） ＊指導事項の一部を用いた例。	・「話すこと・聞くこと」において，目的や場に応じて，実社会の中から適切な話題を決め，様々な観点から情報を収集，整理して，伝え合う内容を検討している。（ア） ・「話すこと・聞くこと」において，話し言葉の特徴を踏まえて話したり，場の状況に応じて資料や機器を効果的に用いたりするなど，相手の理解が得られるように表現を工夫している。（ウ）	・言葉を通じて積極的に他者や社会に関わったり，学習の見通しをもって思いや考えを広げたり深めたりしながら，言葉を効果的に使おうとしている。

※1　国語科においては，指導事項に示された資質・能力を確実に育成するため，基本的には「内容のまとまりごとの評価規準」が単元の評価規準となる。

※2　指導事項の一部を用いて評価規準を作成した場合には，指導漏れが生じないよう，年間指導計画において十分に整合を図る必要がある。

※3　「主体的に学習に取り組む態度」の評価規準については，上記の内容を踏まえた上で，当該単元で育成する資質・能力と言語活動に応じて作成する。具体的には，①知識及び技能を獲得したり，思考力，判断力，表現力等を身に付けたりすることに向けた粘り強い取組を行おうとする側面と，②①の粘り強い取組を行う中で，自らの学習を調整しようとする側面の双方を適切に評価するため，次の③，④に示したように，特に，粘り強さを発揮してほしい内容と，自らの学習の調整が必要となる具体的な言語活動を考えて授業を構想し，評価規準を設定することが大切である。このことを踏まえれば，①から④の内容を全て含め，単元の目標や学習内容等に応じて，その組合せを工夫することが考えられる。なお，〈　〉内の言葉は，当該内容の学習状況を例示したものであり，これ以外も想定される。また，①から④は固定的な順序を示すものではないこと，④については，言語活動自体を評価するものではないことに留意する必要がある。

　　①粘り強さ〈積極的に，進んで，粘り強く等〉

　　②自らの学習の調整〈学習の見通しをもって，学習課題に沿って，今までの学習を生かして等〉

　　③他の2観点において重点とする内容（特に，粘り強さを発揮してほしい内容）

　　④当該単元の具体的な言語活動（自らの学習の調整が必要となる具体的な言語活動）

※4　※1から※3を踏まえた上で，生徒の学習の状況を適切に評価するために，実際の学習活動を踏まえて「Bと判断する状況」の例，「Cと判断する状況への手立て」の例を評価規準に沿って想定するようにする（第3編参照）。

第３編

単元ごとの学習評価について

（事例）

第1章 「内容のまとまりごとの評価規準」の考え方を踏まえた評価規準の作成

1 本編事例における学習評価の進め方について

　各教科及び科目の単元における観点別学習状況の評価を実施するに当たり，まずは年間の指導と評価の計画を確認することが重要である。その上で，学習指導要領の目標や内容，「内容のまとまりごとの評価規準」の考え方等を踏まえ，以下のように進めることが考えられる。なお，複数の単元にわたって評価を行う場合など，以下の方法によらない事例もあることに留意する必要がある。

評価の進め方	留意点
1 単元の目標を作成する	○ 学習指導要領の目標や内容，学習指導要領解説等を踏まえて作成する。 ○ 生徒の実態，前単元までの学習状況等を踏まえて作成する。 ※ 単元の目標及び評価規準の関係性（イメージ）については下図参照
2 単元の評価規準を作成する	
3 「指導と評価の計画」を作成する	○ 1，2を踏まえ，評価場面や評価方法等を計画する。 ○ どのような評価資料（生徒の反応やノート，ワークシート，作品等）を基に，「おおむね満足できる」状況（B）と評価するかを考えたり，「努力を要する」状況（C）への手立て等を考えたりする。
授業を行う	○ 3に沿って観点別学習状況の評価を行い，生徒の学習改善や教師の指導改善につなげる。
4 観点ごとに総括する	○ 集めた評価資料やそれに基づく評価結果などから，観点ごとの総括的評価（A，B，C）を行う。

単元の目標及び評価規準の関係性について（イメージ図）

学習指導要領　第1編第2章1（2）を参照

「内容のまとまりごとの評価規準」

学習指導要領解説等を参考に，各学校において授業で育成を目指す資質・能力を明確化

「内容のまとまりごとの評価規準」の考え方等を踏まえて作成

単元の目標　第3編第1章2を参照

単元の評価規準

※ 外国語科においてはこの限りではない。

第3編

2 単元の評価規準の作成のポイント

高等学校国語科においては，次のような流れで授業を構想し，評価規準を作成する。

Step 1
単元で取り上げる
指導事項の確認

・年間指導計画等を基に，単元で取り上げる指導事項を確認する。

↓

Step 2
単元の目標と
言語活動の設定

・Step 1 で確認した指導事項を基に，以下の３点について単元の目標を設定する。
(1)「知識及び技能」の目標
(2)「思考力，判断力，表現力等」の目標
→(1)，(2)については，基本的に指導事項の文末を「〜できる。」として示す。
(3)「学びに向かう力，人間性等」の目標
→(3)については，いずれの単元においても当該科目の目標である「言葉がもつ価値〜他者や社会に関わろうとする。」までを示す。
・単元の目標を実現するために適した言語活動を，言語活動例を参考にして位置付ける。

↓

Step 3
単元の評価規準
の設定

・以下を参考に，単元の評価規準を作成する。
「知識・技能」の評価規準の設定の仕方
当該単元で育成を目指す資質・能力に該当する〔知識及び技能〕の指導事項の文末を「〜している。」として作成する。育成したい資質・能力に照らして，指導事項の一部を用いて作成することもある。
「思考・判断・表現」の評価規準の設定の仕方
当該単元で育成を目指す資質・能力に該当する〔思考力，判断力，表現力等〕の指導事項の冒頭に，指導する一領域を「(領域名)において，」と明記し，文末を「〜している。」として作成する。育成したい資質・能力に照らして，指導事項の一部を用いて作成することもある。
「主体的に学習に取り組む態度」の評価規準の設定の仕方
以下の①から④の内容を全て含め，単元の目標や学習内容等に応じて，その組合せを工夫することが考えられる。文末は「〜しようとしている。」とする。なお，〈 〉内の言葉は，当該内容の学習状況を例示したものであり，これ以外も想定される。また，①〜④は順序性を示すものではないこと，④については，言語活動自体を評価するものではないことに留意する必要がある。
①粘り強さ〈積極的に，進んで，粘り強く等〉
②自らの学習の調整〈学習の見通しをもって，学習課題に沿って，今までの学習を生かして等〉
③他の２観点において重点とする内容（特に，粘り強さを発揮してほしい内容）
④当該単元の具体的な言語活動（自らの学習の調整が必要となる具体的な言語活動）

↓

Step 4
単元の指導と評価
の計画の決定

・各時間の具体的な学習活動を構想し，単元のどの段階でどの評価規準に基づいて評価するかを決定する。

↓

Step 5
評価の実際と手立
ての想定

・それぞれの評価規準について，実際の学習活動を踏まえて，「Bと判断する状況」の例，「Cと判断する状況への手立て」の例を想定する。

（各事例の記載について）

> 各事例の主な特徴をキーワードで示している。いずれの事例も，3観点の評価について掲載している。

国語科　事例1（現代の国語）
キーワード　「主体的に学習に取り組む態度」の評価，評価方法の工夫（観察）

単元名	内容のまとまり
おすすめの本を分かりやすく紹介しよう	〔知識及び技能〕(1)言葉の特徴や使い方に関する事項 〔思考力，判断力，表現力等〕「A話すこと・聞くこと」

> 「単元名」は，どのような資質・能力を育成するために，どのような言語活動を行うのかが生徒に分かるように工夫している。

> 各事例を学習指導案の形式で《授業例》として示している。

《授業例》
1　単元の目標
(1) 話し言葉と書き言葉の特徴、敬意と親しさなどに配慮した表現

(2) 話し言葉の特徴を踏まえて話し、相手の理解が得られるように表現を工夫することができる。
　　　　　　　　　〔思考力，判断力，表現力等〕A(1)ウ
(3) 言葉がもつ価値への認識を深めるとともに、生涯にわたって読書に親しみ自己を向上させ、我が国の言語文化の担い手としての自覚をもち、言葉を通して他者や社会に関わろうとする。
　　　　　　　　　　　　　　　　　「学びに向かう力，人間性等」

2　本単元における言語活動
　　集めた情報を資料にまとめ、聴衆に対して発表する活動。
　　　　　　　　　　　（関連：〔思考力，判断力，表現力等〕A(2)エ）

3　単元の評価規準

知識・技能	思考・判断・表現	主体的に学習に取り組む態度
①話し言葉の特徴や役割、表現の特色を踏まえ、分かりやすさに配慮した表現や言葉遣いについて理解し、使っている（(1)イ）	①「話すこと・聞くこと」において、話し言葉の特徴を踏まえて話し、相手の理解が得られるように表現を工夫している。（A(1)ウ）	①聴衆に対する発表を通して、話し言葉の特徴を理解し、相手の理解が得られるよう、表現を粘り強く工夫する中で、自らの学習を調整しようとしている。

> 該当する指導事項を示すことで，学習指導要領の指導事項との関連を明確にしている。

4　指導と評価の計画（全5単位時間想定）

次	主たる学習活動	評価する内容	評価方法
1	○ 単元の目標や進め方を確認し、学習の見通しをもつ。 ○ 相手に応じて表現や言葉遣いを日常的に使い分けている例を共有し、「相手にとって分かりやすい表現」について考え、ワークシートにまとめる。 ○「おすすめの本を中学3年生に紹介しよう」というテーマに基づいて「プレゼンテーション計画書（構想シート）」（以下、「計画書」という）を作成し、発表資料（フリップやスライド）を作成する。	〔知識・技能〕①	「記述の点検」
2	○ 計画書を基にグループで練習し、相互評価を行う。練習の様子をICT端末で記録する。 ○ 相互評価の内容を交流したり、ICT端末で記録した練習の動画を見たりして、計画書を修正し、本番の発表を行う。聞き手は、表現の工夫について評価する。	〔思考・判断・表現〕①	「行動の分析」
3	○ 振り返りシートを記入し、単元の学習で得た気付きをグループや全体で共有する。	〔主体的に学習に取り組む態度〕①	「記述の分析」

> 単元の「指導と評価の計画」の全体像を簡易に示し，どの時間に何を評価するのかを整理している。

【単元の流れ】

次	学習活動	指導上の留意点	評価規準・評価方法等
	○ 単元の目標や進め方を確認し、学習の見通しをもつ。	・話し言葉の特徴について、個々の経験を共有して、その特徴を理解するとともに、話し言葉と書き言葉との違いについて気付きを共有するよう促す。	

> 単元の流れ（各時間の詳細）を具体的に示している。

（略）

> 「単元の評価規準」について，評価する場面と評価方法，及び「Bと判断する状況」の例を示している。

| 3 | ○ 「相手の理解が得られるような表現の工夫」について、振り返りシートに記入する。
○ 振り返りシートを基に、単元の学習で得た気付きをグループや全体で共有する。 | 振り返りシートには、相手の理解を得るための表現の工夫が、実際に理解が得られたかどうか、目標に沿って振り返るよう促す。
・今後話したり書いたりする等の表現活動に向け、意識したいことについて記入できるようにしておく。 | 〔主体的に学習に取り組む態度〕①
「記述の分析」振り返りシート
・相手の理解が得られるよう表現を粘り強く工夫する中で、自らの学習を調整し、おすすめの本を紹介しようとしているかを分析する。 |

《本授業例における評価の実際》
5　観点別学習状況の評価の進め方
　共通必履修科目「現代の国語」の「内容」の〔思考力，判断力，表現力等〕「A話すこと・聞くこと」に関する指導については、「内容の取扱い」(1)アに「20〜30単位時間程度を配当するものとし、計画的に指導すること」と示されている。このことを踏まえ、本事例では、「A話すこと・聞くこと」に関する資質・能力を目標として掲げ、単元のまとまりの中でその育成を重点的に図る指導と評価の計画を示している。なお、本事例では、特に、「主体的に学習に取り組む態度」の評価について詳細に説明する。

> 《授業例》において，どのように学習を評価したのか，その実際を《本授業例における評価の実際》として詳しく説明している。

第2章　学習評価に関する事例について

1　事例の特徴

　　第1編第1章2（4）で述べた学習評価の改善の基本的な方向性を踏まえつつ，平成30年に改訂された高等学校学習指導要領の趣旨・内容の徹底に資する評価の事例を示すことができるよう，本参考資料における事例は，原則として以下のような方針を踏まえたものとしている。

○　単元に応じた評価規準の設定から評価の総括までとともに，生徒の学習改善及び教師の指導改善までの一連の流れを示している

　　本参考資料で提示する事例は，単元の評価規準の設定から評価の総括までとともに，評価結果を生徒の学習改善や教師の指導改善に生かすまでの一連の学習評価の流れを念頭においたものである。なお，観点別の学習状況の評価については，「おおむね満足できる」状況，「十分満足できる」状況，「努力を要する」状況と判断した生徒の具体的な状況の例などを示している。「十分満足できる」状況という評価になるのは，生徒が実現している学習の状況が質的な高まりや深まりをもっていると判断されるときである。

○　観点別の学習状況について評価する時期や場面の精選について示している

　　報告や改善等通知では，学習評価については，日々の授業の中で生徒の学習状況を適宜把握して指導の改善に生かすことに重点を置くことが重要であり，観点別の学習状況についての評価は，毎回の授業ではなく原則として単元や題材など内容や時間のまとまりごとに，それぞれの実現状況を把握できる段階で行うなど，その場面を精選することが重要であることが示された。このため，観点別の学習状況について評価する時期や場面の精選について，「指導と評価の計画」の中で，具体的に示している。

○　評価方法の工夫を示している

　　生徒の反応やノート，ワークシート，作品等の評価資料をどのように活用したかなど，評価方法の多様な工夫について示している。

2　各事例概要一覧と事例

事例1　キーワード　「主体的に学習に取り組む態度」の評価，評価方法の工夫（観察）
「おすすめの本を分かりやすく紹介しよう」（「現代の国語」）

　「現代の国語」〔思考力，判断力，表現力等〕の「A話すこと・聞くこと」(1)ウについて，聴衆に対して発表する言語活動を通して指導した授業における評価事例を紹介する。

　本事例では，主として，「主体的に学習に取り組む態度」の評価，評価方法の工夫の一例を示す。

事例2　キーワード　「知識・技能」の評価，指導と評価の計画から評価の総括まで
「情報の妥当性や信頼性を吟味しながら複数の情報を組み合わせて意見文を書こう」（「現代の国語」）

　「現代の国語」〔思考力，判断力，表現力等〕の「B書くこと」(1)ア・ウについて，本文や資料を引用しながら自分の意見や考えを論述する言語活動を通して指導した授業における評価事例を紹介する。

　本事例では，主として，「知識・技能」の評価，指導と評価の計画から評価の総括の方法の一例を示す。

事例3　キーワード　「思考・判断・表現」の評価
「論理的な文章の内容や構成，論理の展開について理解し要旨を把握しよう」（「現代の国語」）

　「現代の国語」〔思考力，判断力，表現力等〕の「C読むこと」(1)アについて，論理的な文章を読み，主張と論拠との関係に着目して要約する言語活動を通して指導した授業における評価事例を紹介する。

　本事例では，主として，「思考・判断・表現」の評価の一例を示す。

事例4　キーワード　「主体的に学習に取り組む態度」の評価，ＩＣＴの活用
「和歌や俳句，漢詩等の世界を参考に，自分の体験や思いを散文で表現しよう」（「言語文化」）

　「言語文化」〔思考力，判断力，表現力等〕の「A書くこと」(1)イについて，和歌や俳句，漢詩等を参考に，伝統行事や風物詩などの文化に関する題材を選んで，散文（随筆・物語等）を書く言語活動を通して指導した授業における評価事例を紹介する。

　本事例では，主として，「主体的に学習に取り組む態度」の評価，ＩＣＴの活用方法の一例を示す。

事例5　キーワード　「知識・技能」の評価，評価方法の工夫（ペーパーテスト，レポート）
「古典作品に描かれた多様な人間関係を現代につなげて考えよう」（「言語文化」）

　「言語文化」〔知識及び技能〕(2)我が国の言語文化に関する事項と，〔思考力，判断力，表現力等〕の「B読むこと」(1)オについて，主として，古典作品に描かれた登場人物の人間関係について話し合う言語活動を通して指導した授業における評価事例を紹介する。

　本事例では，主として，「知識・技能」の評価，評価方法の工夫（ペーパーテスト，レポート）の評価の一例を示す。

事例6　キーワード　「思考・判断・表現」の評価，複数の材料や方法による評価
「近代以降の文学作品をその原作と読み比べ，作品の特徴について考えよう」（「言語文化」）

　「言語文化」〔思考力，判断力，表現力等〕の「Ｂ読むこと」(1)エ・オについて，近代以降の文学作品をその原作と読み比べ，作品の特徴について発表したり改作について論じたりする言語活動を通して指導した授業における評価事例を紹介する。

　本事例では，主として，「思考・判断・表現」の評価，複数の材料や方法による評価の一例を示す。

※　なお，いずれの事例も，授業の一連の流れを示した上で，評価の３観点（「知識・技能」，「思考・判断・表現」，「主体的に学習に取り組む態度」）について，「Ｂと判断する状況」の例，「Ｃと判断する状況への手立て」の例を示している。

　　○　指導と評価の計画における評価方法の記載について
　　① 観察，点検
　　・ 行動の観察 ：　学習の中で，評価規準が求めている発言や行動などが行われているかどうかを「観察」する。
　　・ 記述の点検 ：　学習の中で，評価規準が求めている内容が記述されているかどうかを，机間指導などにより「点検」する。
　　② 確認
　　・ 行動の確認 ：　学習の中での発言や行動などの内容が，評価規準を満たしているかどうかを「確認」する。
　　・ 記述の確認 ：　学習の中で記述された内容が，評価規準を満たしているかどうかを，ノートや提出物などにより「確認」する。
　　③ 分析
　　・ 行動の分析 ：　「行動の観察」や「行動の確認」を踏まえて「分析」を行うことにより，評価規準に照らして実現状況の高まりを評価する。
　　・ 記述の分析 ：　「記述の点検」や「記述の確認」を踏まえて，ノートや提出物などの「分析」を行うことにより，評価規準に照らして実現状況の高まりを評価する。

国語科　　事例１（現代の国語）
キーワード　「主体的に学習に取り組む態度」の評価，評価方法の工夫（観察）

単元名	内容のまとまり
おすすめの本を分かりやすく紹介しよう	〔知識及び技能〕(1)言葉の特徴や使い方に関する事項 〔思考力，判断力，表現力等〕「Ａ話すこと・聞くこと」

《授業例》

1　単元の目標

(1) 話し言葉と書き言葉の特徴や役割，表現の特色を踏まえ，正確さ，分かりやすさ，適切さ，敬意と親しさなどに配慮した表現や言葉遣いについて理解し，使うことができる。

〔知識及び技能〕(1)イ

(2) 話し言葉の特徴を踏まえて話したり，場の状況に応じて資料や機器を効果的に用いたりするなど，相手の理解が得られるように表現を工夫することができる。

〔思考力，判断力，表現力等〕Ａ(1)ウ

(3) 言葉がもつ価値への認識を深めるとともに，生涯にわたって読書に親しみ自己を向上させ，我が国の言語文化の担い手としての自覚をもち，言葉を通して他者や社会に関わろうとする。

「学びに向かう力，人間性等」

2　本単元における言語活動

集めた情報を資料にまとめ，聴衆に対して発表する。

（関連：〔思考力，判断力，表現力等〕Ａ(2)エ）

3　単元の評価規準

知識・技能	思考・判断・表現	主体的に学習に取り組む態度
①話し言葉の特徴や役割，表現の特色を踏まえ，分かりやすさに配慮した表現や言葉遣いについて理解し，使っている。（(1)イ）	①「話すこと・聞くこと」において，話し言葉の特徴を踏まえて話し，相手の理解が得られるように表現を工夫している。（Ａ(1)ウ）	①聴衆に対する発表を通して，話し言葉の特徴を理解し，相手の理解が得られるよう，表現を粘り強く工夫する中で，自らの学習を調整しようとしている。

4　指導と評価の計画（全５単位時間想定）

次	主たる学習活動	評価する内容	評価方法
1	○　単元の目標や進め方を確認し，学習の見通しをもつ。 ○　相手に応じて表現や言葉遣いを日常的に使い分けている例を共有し，「相手にとって分かりやすい表現」について考え，ワークシートにまとめる。 ○　「おすすめの本を中学３年生に紹介しよう」というテーマに基づいて「プレゼンテーション計画書（構想シート）」（以下，「計画書」という）を作成し，発表資料（フリップやスライド）を作成する。	［知識・技能］①	「記述の点検」

次	学習活動	指導上の留意点	評価規準・評価方法等
2	○ 計画書を基にグループで練習し，相互評価を行う。練習の様子をＩＣＴ端末で記録する。 ○ 相互評価の内容を交流したり，ＩＣＴ端末で記録した練習の動画を見たりして，計画書を修正し，本番の発表を行う。聞き手は，表現の工夫について評価する。		［思考・判断・表現］① 「行動の分析」
3	○ 振り返りシートを記入し，単元の学習で得た気付きをグループや全体で共有する。		［主体的に学習に取り組む態度］① 「記述の分析」

【単元の流れ】

<table>
<tr><th>次</th><th>学習活動</th><th>指導上の留意点</th><th>評価規準・評価方法等</th></tr>
<tr>
<td rowspan="3">1</td>
<td>○ 単元の目標や進め方を確認し，学習の見通しをもつ。

○ 相手に応じて表現や言葉遣いを日常的に使い分けている例を共有し，「相手にとって分かりやすい表現」について考える。</td>
<td>・話し言葉の特徴について，個々の経験を共有して，その特徴を理解するとともに，話し言葉と書き言葉との違いについて気付きを共有するよう促す。
・表現について考えさせ，特に「分かりやすさ」の観点を抽出させ，今後の活動を行う上でのポイントを全体で確認し，学習に見通しがもてるようにする（「分かりやすさ」の観点を考えさせる際は，次の五つの観点に類似したものであれば，生徒の言葉をそのまま使って共有することも考えられる。）。</td>
<td></td>
</tr>
<tr>
<td colspan="2">
「分かりやすさ」の観点 ：
　① 相手が理解できる言葉を互いに使っているか。
　② 情報が整理されているか。
　③ 構成が考えられているか。
　④ 互いの知識や理解力を知ろうとしているか。
　⑤ 聞いたり読んだりしやすい情報になっているか。
（「分かり合うための言語コミュニケーション（報告）」平成30年3月2日，文化審議会国語分科会）
</td>
<td></td>
</tr>
<tr>
<td>○「おすすめの本を中学3年生に紹介しよう」というテーマに基づいて，計画書を作成する。
○ 計画書を踏まえて発表資料（フリップやスライド）を作成する。</td>
<td>・話し言葉の特徴を踏まえるため，プレゼンテーション原稿は作成せず，計画書の項目に基づいてポイントを整理する形で記入できるようにしておく。
・聞き手（聴衆）を示すことで表現の工夫について具体的に考えさせるとともに，発表時間が1分間である点にも留意するよう促す。
・発表資料については，フリップやポスター，スライドなどをＩＣＴ端末で作成することも可とする。</td>
<td>［知識・技能］①
「記述の点検」<u>計画書</u>
・話し言葉の特徴や役割，表現の特色を踏まえ，分かりやすさに配慮した表現などについて記入しているかを点検する。</td>
</tr>
</table>

2	○ 計画書を基にグループで練習し，ICT端末を使用するなどしながら相互評価を行う。 ○ 相互評価した内容を踏まえ，計画書を修正する。 ○ 改善した計画書を基に，プレゼンテーションを行う。聞き手は，自分の担当する発表について「表現の工夫」欄に記入する。	・練習はグループごとに行わせ，その様子をICT端末で記録できるようにしておく。 ・グループごとの練習の際は，第1次で確認した「分かりやすさ」の観点に基づいて相互評価を行わせ，それを基に個々で計画書を修正するよう促す。 ・練習の様子をICT端末で記録することで，自分で見返したり，相互に批評したりできるようにする。 ・発表本番はクラス全員の前で一人ずつ行わせる。また，発表本番もICT端末で記録し，文化祭や学校説明会で実際に中学3年生に見せることを周知し，動機付けを伴った活動となるようにする。 ・できるだけ多くの生徒がプレゼンテーションを聞くことに集中するために，「表現の工夫」欄に記入する生徒の割り当てを工夫する。その際，「何が分かったか」に焦点を当てさせることで，聞く際のポイントを明確にする。	［思考・判断・表現］① 「行動の分析」<u>発表の様子</u> ・主として発表本番の行動を分析するが，計画書の記述やICT端末の記録を踏まえ，相手の理解が得られるように表現を工夫しているかを分析する。
3	○ 「相手の理解を得られるような表現の工夫」について，振り返りシートに記入する。 ○ 振り返りシートを基に，単元の学習で得た気付きをグループや全体で共有する。	・振り返りシートには，相手の理解を得るために考察したことと実際に理解が得られたかどうかということについて，目標に沿って振り返るよう促す。 ・今後話したり書いたりする等の表現活動に向け，意識したいことについて記入できるようにしておく。	［主体的に学習に取り組む態度］① 「記述の分析」<u>振り返りシート</u> ・相手の理解が得られるよう表現を粘り強く工夫する中で，自らの学習を調整し，おすすめの本を紹介しようとしているかを分析する。

《本授業例における評価の実際》

5 観点別学習状況の評価の進め方

　共通必履修科目「現代の国語」の「内容」の〔思考力，判断力，表現力等〕「A話すこと・聞くこと」に関する指導については，「内容の取扱い」(1)アに「20～30 単位時間程度を配当するものとし，計画的に指導すること」と示されている。このことを踏まえ，本事例では，「A話すこと・聞くこと」に関する資質・能力を目標として掲げ，単元のまとまりの中でその育成を重点的に図る指導と評価の計画を示している。なお，本事例では，特に，「主体的に学習に取り組む態度」の評価について詳細に説明する。

（1）［知識・技能］の評価

　［知識・技能］①の「話し言葉の特徴や役割，表現の特色を踏まえ，分かりやすさに配慮した表現や言葉遣いについて理解し，使っている」状況を，「計画書に，話し言葉の特徴や役割，表現の特色を踏まえ，分かりやすさに配慮した表現などについて記入している」姿（「おおむね満足できる」状況（B））と捉え，第1次に評価した。

　「分かり合うための言語コミュニケーション（報告）」（平成30年3月2日，文化審議会国語分科会）においては，「言語コミュニケーション」が円滑に進んでいるときには，「正確さ」，「分かりやすさ」，「ふさわしさ」，「敬意と親しさ」の四つの要素が，目的に応じてバランスよく言葉のやり取りを支え，言葉の使い方に反映されているとされる。その中で，特に，「『分かりやすさ』に留意するとは，互いが十分に内容を理解できるように，表現を工夫して伝え合うことである。やり取りする情報，考え，気持ちなどを，言い換えたりたとえを使ったりして相手と歩み寄りながら伝え合い，お互いを理解するために必要な要素を指す。」とある。本単元においては，単元名に「おすすめの本を分かりやすく紹介しよう」とあるように，生徒には，特に「分かりやすさ」に焦点を当てて指導を行い，その評価を行った。

　生徒には「話し言葉」の特徴について，個々の経験を共有して気付きを促すとともに，「分かりやすさ」のポイントを抽出させ，教室全体で共有した。指導事項には，「理解し，使うこと」とある点も踏まえて，評価については，生徒の計画書の記述の点検を行った。計画書には，「話し方の工夫」という欄を設けてあり，生徒が意識的に「分かりやすさ」を踏まえて内容・構成を考えることができるように配慮した。

【ワークシートの例】

プレゼンテーション計画書（構想シート）

テーマ	おすすめの本を分かりやすく紹介しよう！		
相　　手	中学3年生を想定する		
	内容	話し方の工夫や資料等	相互評価を踏まえた改善案
	○	・	

　例えば，生徒Lは，計画書の中で，「聞く人に問い掛ける」，「相手の立場に立って」，「○○の表現を使う」といった工夫を考えていた。このことは，教室全体で共有した「分かりやすさ」のポイントである「構成が考えられているか」，「相手が理解できる言葉を互いに使っているか」，「互いの知識や理解力を知ろうとしているか」といった観点を意識していることが分かるため，評価規準を満たしていると判断し，「おおむね満足できる」状況（B）と評価した。

　また，生徒Mは，「自分の考え，思ったことを共有」，「内容を伝えすぎない」，「帯を見せる」，「聞き手に問い掛ける」といったポイントを発表時の展開に位置付け，構成を考えていた。「相手が理解できる言葉を互いに使っているか」，「情報が整理されているか」などが踏まえられており，聞き手に分かりやすく伝わるよう情報の順序や優先度を意識した適切な工夫が見られることから，評価規準を満たしていると判断し，「おおむね満足できる」状況（B）とした。

　一方，「分かりやすさ」に留意して計画書の検討を進めることができていない生徒については，「努力を要する」状況（C）と判断した。Cと評価した生徒に対しては，Bを実現するための具体的な手立てとして，「分かりやすさ」について改めて確認した上で，計画書に意識する観点を盛り込んで再整理するよう助言した。

（2）［思考・判断・表現］の評価

　［思考・判断・表現］①の「『話すこと・聞くこと』において，話し言葉の特徴を踏まえて話し，相手の理解が得られるように表現を工夫している」状況を，「話し言葉の特徴を踏まえて，相手の理解が得られるように工夫して本を紹介している」姿（「おおむね満足できる」状況（B））と捉え，第2次に評価した。ここでは，学習の過程が残るようICT端末で記録に残すことにより，自分で見返したり，相互に批評したりできるようにするとともに，必要に応じて，教師による評価にも用いた。

　［思考・判断・表現］については，言語活動を通して，内容の（1）の指導事項による「評価規準」に基づき評価することになること，つまり，言語活動自体を評価するものではないことに十分留意したい。そのことを踏まえ，本単元における評価場面としては，生徒全員が行うプレゼンテーション本番を位置付けた。評価方法としては，計画書の記載を参考にしながら発表場面を観察するとともに，必要に応じて，ICT端末に記録した発表の様子を分析することで，評価規準に照らしてその実現状況を評価した。

　例えば，生徒Nは，本を握りしめながら次のように切り出した。「ミステリアスな女性と活発な女子大生，そして……が特徴の○○君，3人の登場人物で構成される『△△△△』は，□□□□の代表作の一つです。1回読んだだけじゃ物足りず，もう1回読んでみればもっと分かるかもしれない，という期待を抱かせつつ，なかなかつかませてくれない。何回読んでも面白いです。」と，心から愛着を表して説明する姿に，聞き手である他の生徒は魅了されていた。加えて，「もう一つの魅力として，比喩表現の工夫を挙げたいと思います。御存じの方もいるかと思いますが，作者はとても奇妙な比喩を使います。………最後に，登場人物○○君のユニークな愛情表現を一つ紹介したいと思います。『………………』。普通の本に飽きた人は，是非読んでみてください。」と発表を締めくくった。この生徒は，計画書には，終始本を手に取って聞き手に見せながらおすすめするポイントをストレートに伝えることを記入していた。本を手にすることで話し言葉の特徴を踏まえ，その場で相手とのコミュニケーションが成立するよう工夫し，「自分の言葉」でおすすめの本について語っており，最後に魅力的だった「登場人物のユニークな愛情表現」に焦点を絞って伝え，聞き手の理解を促す表現をすることができていた。こうしたことから，評価規準を満たしていると判断し，「おおむね満足できる」状況（B）と評価した。

　また，生徒Oのプレゼンテーションは，「皆さんは金髪の小学生を見たことがありますか？」という問い掛けから始め，「これは，……な○○ちゃん，……な△△ちゃんという2人の主人公の目線で交互に語られる物語です。『□□□□□』というタイトルの本ですが，表紙がかわいくてジャケ買いしてこの本に出会いました！……この本から学んだことは，悩みがない人なんていないということです。どんなに周りから「幸せそう」，「楽しそう」と思われている人でも，その人なりにコンプレックスがあって，見た目だったりとか，家族だったりとか，性格だったり，恋愛だったり，……その人自身が自分に呪いをかけていることがすごくよく分かって，成長するにつれてその子たちが自分の呪いに打ち破っていくその強さに，泣きそうになります。『……………………』にすごく共感を覚えました。◇◇な人には共感してもらえると思うし，◎◎な人には攻略本になります！」と続けた。この生徒は，話し言葉の特徴として学んだ「呼び掛けの言葉」をうまく使って，聞き手への参加意識を高めていた。それに加え，相手が中学3年生であることに留意し，話す内容を受け入れてもらうために「ジャケ買い」（レコード・CD・本などのカバーの印象が気に入って買うこと）という親しみやすい表現を意図的に用いていた。さらに，聞き手の理解を得るために「この本から学んだこと」を重点的に伝えた上で，「◇◇な人」，「◎◎な人」と，相手の状況を分けて共感を得る工夫をしてプレゼンテーションを終えた。この生徒は，聞き手の共感を得るための親しみやすい表現を用いながら，聞き手の年齢や状況を考慮し，話す内容を整理して分かりやすく話していたということができる。こうしたことから，評価規準を満たしていると判断し，「おおむね満足できる」状況（B）と評価した。

一方，「相手の理解が得られるように表現を工夫」できていない生徒については，「努力を要する」状況（C）と判断した。Cと評価した生徒に対する具体的な手立てとして，練習や本番で記録したプレゼンテーションの動画を見返して改善すべき点を考えさせたり，他の生徒が自分の発表について記入した「表現の工夫」を読んだりして，プレゼンテーションの構成や工夫を再検討するよう助言した。

（3）［主体的に学習に取り組む態度］の評価

　［主体的に学習に取り組む態度］①の「聴衆に対する発表を通して，話し言葉の特徴を理解し，相手の理解が得られるよう，表現を粘り強く工夫する中で，自らの学習を調整しようとしている」状況を，「相手の理解が得られるよう表現を粘り強く工夫する中で，自らの学習を調整し，おすすめの本を紹介しようとしている」姿（「おおむね満足できる」状況（B））と捉え，第3次に評価した。

　「児童生徒の学習評価の在り方について（報告）」（平成31年1月21日，中央教育審議会初等中等教育分科会教育課程部会）には，「主体的に学習に取り組む態度」の評価の基本的な考え方について，次のような記載がある。

> 各教科等の『主体的に学習に取り組む態度』に係る評価の観点の趣旨に照らして，知識及び技能を獲得したり，思考力，判断力，表現力等を身に付けたりするために，自らの学習状況を把握し，学習の進め方について試行錯誤するなど自らの学習を調整しながら，学ぼうとしているかどうかという意思的な側面を評価することが重要である。

　本事例における［知識・技能］の評価及び［思考・判断・表現］の評価については，「話し言葉」の特徴を理解した上で表現することが重要となるため，生徒が知識及び技能を獲得したり，思考力，判断力，表現力等を身に付けたりすることに向けた自らの学習状況をどのように意識して自己の学びを深めたのか，主に振り返りシートの記述を基に分析した。

　振り返りシートは，毎時学習したことを自覚的に記入するものとしたが，特に，単元の終盤（第3次）に生徒が記入した振り返りシートは，「プレゼンテーションを行った感想（練習・本番）」，「他者から得た気付き（相手の理解を得るために考察したこと）」，「単元の学びを振り返って（今後に向けた，自分自身の課題や様々な表現活動について）」という項目で構成し，生徒が単元の学習を適切に振り返って，今後の表現活動への視点をもつことができるようにするとともに，第1次・第2次を含む単元全体の学びのプロセスを生徒が自分で意味付けることができるよう留意して記述させた。また，評価に際しては，必要に応じて，グループワークの様子等から相手の理解が得られるように表現をどのように工夫しようとしたのかが見られた場合に，その点も勘案するなど，複合的に分析するようにした。

【生徒Pの振り返りシートの記述】

（第1次）※一部抜粋

> ………「分かりやすさ」について，友達の意見に納得することが多かった。ただ漠然と「分かりやすさ」を目指すのではなく，そのポイントを意識して発表することが大切なのだと思った。

（第2次）※一部抜粋

> ………練習を友達に撮影してもらったことで，自分の話し方の癖が分かった。緊張しやすい性格なのは自分でも分かっていたが，準備をすることで少し克服することができたと思う。1分間という限られた時間の中で，自分の思いを伝えることの難しさを感じたが，自分の言葉で「分かりやすく」伝える経験をすることができて有意義だった。

（第3次）

> **プレゼンテーションを行った感想（練習・本番）**
>
> 練習では，緊張で手が震えてしまったり，大切なところを言い間違えたりしてしまったが，2回の練習によって，プレゼンに少し

慣れて,本番では練習よりも緊張せずにできたと思う。練習の日までにどのようなことを言うのか,どのような構成でプレゼンするのかを考えておいたので,本番と練習で大きく言うことを変えることなくできたため,良かったと思う。また,より棒読み感なく自分が伝えたいことを伝えるためには,原稿を作って丸暗記することがないようにするのが大切だと思った。練習では,原稿を覚えようとしすぎて棒読み感が出てしまったり,思い出しながら話している感じが出てしまったりした。そうすることで,本番では流れだけを覚えて話すようにした。そのことで,自分の言葉で表現できたし,緊張したが楽しんでできたと思う。

他者から得た気付き(相手の理解を得るために考察したこと)

初めて練習したときに,ストーリーのあらすじの説明・導入・まとめを丁寧に説明したところ,『分かりやすいが魅力があまり伝わらない』と班員に言われた。そのため,2回目の練習の時には,1回目に言ったことに加え,自分の好きなシーンの紹介と,読んだ時にどう思ったかを言うようにした。すると,1回目よりも魅力が伝わり,読んでみたいという気持ちになったと言われた。そのため,聞き手に理解をしてもらうには,どのような順序でどこをどのくらい言うのかという構造を適切にすることが大事だが,聞き手の心を動かすためには,分かりやすさに加え,自分の考えや思いなどを伝えることが大事だと思った。

単元の学びを振り返って(今後に向けた,自分自身の課題や様々な表現活動について)

…………これから先,会社などでプレゼンなどの表現活動をすることになったら,ほとんど家に帰ってからの時間はなく,期限も厳密なことが多いと思う。そのため,決められた時間があれば,その時間内に終わらせられるよう,今後は一番伝えたいことを早く決め,それに基づいて構造を考えていけるようにしたい。

　　生徒Pは,第1次において学んだ「分かりやすさ」のポイントを,第2次の実践で生かそうとするとともに,自分なりの表現を目指していたことが分かる。第3次の振り返りにおいても,「2回の練習によって,プレゼンに少し慣れて,本番では練習よりも緊張せずにできたと思う」(傍線部)などの記述から,粘り強く練習を重ねて発表本番に臨んでいたことを読み取ることができる。さらに,単元の途中段階での振り返りに,「原稿を作ってみてプレゼンテーションをした時には,友達に『内容は伝わるけれど,いまいち心に響かない感じがする』という助言を受けた」という相互評価による気付きを踏まえ,生徒が「聞き手の心を動かす」ために「分かりやすさに加え,自分の考えや思いなどを伝えることが大事」と気付き,軌道修正を図ったことが記述されており(波線部),自らの学習を調整しながら単元の学びを深めていたことも読み取ることができた。こうしたことから,評価規準を満たしていると判断し,「おおむね満足できる」状況(B)とした。

【生徒Xの振り返りシートの記述】

(第1次) ※一部抜粋

………「分かりやすさ」の観点を抽出するのに,これまでの授業で自分が分かりやすいと思った友達の発表を,深く分析することができた。これまでは,人の発表を見て感心していただけのことが多かったが,「なぜその発表がいいと思ったのか」を言葉に着目し教室で学び合うことができた。特に構成面について,次の時間の発表で生かしてみたいと思った。

(第2次) ※一部抜粋

………実際に友達の前で発表の練習をしたことで,「話し言葉」の特徴が分かった気がする。構成を考えるだけで本番を迎えるのではなく,練習をすることによって,聞き手を意識した表現を本番ですることができた。

(第3次)

プレゼンテーションを行った感想(練習・本番)

まず,プレゼンの内容を決めるに当たって,聞き手に伝えたい本の魅力や情報を取捨選択する作業が難しかった。その時に,私は聞き手の状況を想像して,何を,どんな風に言えばいいかを特に重視して考えた。今回であれば,聞き手が中学3年生という設定で,その時を思い出すと受験を控えていて,周りからのプレッシャーもあり,不安に押しつぶされそうな状態だった。なので,その時の励みになるであろう点はどこかというところを重視して考えた。それが本に書いてあった『…………………』という部分だと思った。それを効果的に伝えるためにプレゼンを組み立てた。練習では,内容の整理が自分の中であまりできておらず,焦ってしまった。そこで,改めて言いたい柱を確認するという作業をした。本番では,練習の時よりも落ち着いて,ゆっくり話せたと思うが,やはり内容が飛び,焦った部分があった。問い掛けの部分では,間を空けること,話し方に抑揚を付け,伝

えたいところを強調するよう意識した。
他者から得た気付き（相手の理解を得るために考察したこと）
（省略）
単元の学びを振り返って（今後に向けた，自分自身の課題や様々な表現活動について）
もう少し構成の組み立て方や内容の伝え方について工夫できるようにしたいと思った。構成の部分では，相手が理解しやすい流れを意識したり，導入の部分で聞き手の興味を引くために問い掛けを行ったりし，あえて結論から始めるなど，自分が伝えたいことはどんなことを工夫すれば相手に分かってもらえるのかを考えて，それに合った構成を組み立てられるようにしたい。そのために，普段からニュースや本を読んで，構成について学びたいと思う。伝え方の部分では，もう少し，効果的な間の取り方を工夫したり，ジェスチャーを用いるなどして聞き手の理解，共感を得られるようにしたい。そのため，グループ活動で意見を伝える場などを大切にして，自分の伝える力を向上させたい。

　生徒Xは，第1次・第2次に，単元で育成を目指す資質・能力に沿った振り返りが見られた。第2次では，第1次で学んだ「構成の工夫」だけでなく，「話し言葉」の特徴を捉えた発表を行おうとしていた意識が読み取れる。第3次の振り返りにおいても，聞き手の状況を踏まえて表現することの重要性を認識しており（傍線部），聞き手にとっての分かりやすさについて粘り強く考えたことが分かる。また，実際に表現するに当たっては，練習の時点での自分のプレゼンテーションの課題を認識した上で，その改善点を意識し「言いたい柱」を確認しながら本番のプレゼンテーションに臨んだ（波線部）ことを読み取ることができ，自らの学習の調整を図ろうとしていたことがうかがえる。練習時においても，この記述のような積極的な姿勢で学びを深めている様子が見られた。これらに加え，「自分が伝えたいことはどんなことを工夫すれば相手に分かってもらえるのかを考えて，それに合った構成を組み立てられるようにしたい」，「普段からニュースや本を読んで，構成について学びたい」，「グループ活動で意見を伝える場などを大切にして，自分の伝える力を向上させたい」など，今後の表現活動へのつながりについて見通しを新たにした（点線部）ことが分かる。これらから，評価規準を満たしている上，その学びに質的な深まりがあったと判断し，「十分満足できる」状況（A）とした。

　「努力を要する」状況（C）と判断した例としては，プレゼンテーションを行った後の改善点を具体的に挙げられなかったり，他者からの気付きや自身の今後の表現活動へのつながりに見通しをもてなかったりした生徒の例が挙げられる。

【生徒Zの振り返りシートの記述】

（第3次）

プレゼンテーションを行った感想（練習・本番）
練習も本番も自信をもって発表することができなかった。頑張ろうと思ったが本番も練習の時と同じようにうまく表現することができなかったので，次は改善していきたい。
他者から得た気付き（相手の理解を得るために考察したこと）
友達の発表はどれも印象的で，紹介してくれた本を読みたくなった。特に，本の引用や具体を使うことは有効だと思った。
単元の学びを振り返って（今後に向けた，自分自身の課題や様々な表現活動について）
問い掛けなどを行うと，聞き手の参加意識が高まると思った。

　生徒Zは，「自信をもって発表することができなかった」という課題を認識していたが，具体的な手立てを講じるには至っておらず，表現活動への今後の見通しを助言する必要があった。そこで，課題を解決する手立てを具体で捉えることができるよう，練習の際の相互評価や他の生徒が記入した「表現の工夫」欄の記述内容を確認し自己の表現活動を改めて振り返るよう促すとともに，他者の発表から得た気付きを「分かりやすさ」の観点に照らして考察するように助言して「工夫しようとしたが十分ではなかったこと」として整理して振り返るように指導した。

国語科　　事例２（現代の国語）

キーワード　「知識・技能」の評価，指導と評価の計画から評価の総括まで

単元名	内容のまとまり
情報の妥当性や信頼性を吟味しながら複数の情報を組み合わせて意見文を書こう	〔知識及び技能〕(2)情報の扱い方に関する事項 〔思考力，判断力，表現力等〕「B書くこと」

《授業例》

1　単元の目標

(1) 情報の妥当性や信頼性の吟味の仕方について理解を深め使うことができる。

〔知識及び技能〕(2)エ

(2) 目的や意図に応じて，実社会の中から適切な題材を決め，集めた情報の妥当性や信頼性を吟味して，伝えたいことを明確にすることができる。　　〔思考力，判断力，表現力等〕B (1)ア

(3) 自分の考えや事柄が的確に伝わるよう，根拠の示し方や説明の仕方を考えるとともに，文章の種類や，文体，語句などの表現の仕方を工夫することができる。

〔思考力，判断力，表現力等〕B (1)ウ

(4) 言葉がもつ価値への認識を深めるとともに，生涯にわたって読書に親しみ自己を向上させ，我が国の言語文化の担い手としての自覚をもち，言葉を通して他者や社会に関わろうとする。

「学びに向かう力，人間性等」

2　本単元における言語活動

　論理的な文章や実用的な文章を読み，本文や資料を引用しながら，自分の意見や考えを論述する。

(関連：〔思考力，判断力，表現力等〕B (2)ア)

3　単元の評価規準

知識・技能	思考・判断・表現	主体的に学習に取り組む態度
①情報の妥当性や信頼性の吟味の仕方について理解を深め使っている。((2)エ)	①「書くこと」において，目的や意図に応じて，実社会の中から適切な題材を決め，集めた情報の妥当性や信頼性を吟味して，伝えたいことを明確にしている。(B (1)ア) ②「書くこと」において，自分の考えや事柄が的確に伝わるよう，根拠の示し方や説明の仕方を考えている。(B (1)ウ)	①意見文を書くことを通して，情報の妥当性や信頼性の吟味の仕方について理解を深め，伝えたいことを明確にし，自分の考えや事柄が的確に伝わるよう根拠の示し方や説明の仕方を粘り強く考える中で，自らの学習を調整しようとしている。

4　指導と評価の計画（全５単位時間想定）

次	主たる学習活動	評価する内容	評価方法
1	○ 単元の目標や進め方を確認し，学習の見通しをもつ。 ○ 情報の妥当性や信頼性の吟味の仕方について考える。 ○ 意見文作成に関する学習課題を知る。 ○ 学習課題の分析を行い，題材について考える。	〔知識・技能〕①	「記述の確認」

	学習活動	指導上の留意点	評価規準・評価方法等
2	○ 目的に応じた情報検索の方法を考え，必要な情報を収集する。 ○ 集めた情報について，情報の妥当性や信頼性を吟味しながら，主張と根拠を考え，テーマを付箋にまとめる。 ○ グループで各自の主張を述べ合い，個々の根拠の妥当性や信頼性を相互に点検する。		［思考・判断・表現］① 「記述の分析」
3	○ 伝えたい内容を検討するとともに，情報の組合せや根拠の示し方の工夫を考え，構成メモに記述する。 ○ 構成メモに基づいて意見文を作成する。		［思考・判断・表現］② 「記述の確認」
4	○ 推敲した後，グループで相互評価を行い，自分の文章の改善に生かす。 ○ 単元の学習で得た気付きをノートに記述し，グループや全体で共有する。		［主体的に学習に取り組む態度］① 「記述の確認」

【単元の流れ】

次	学習活動	指導上の留意点	評価規準・評価方法等
1	○ 単元の目標や進め方を確認し，学習の見通しをもつ。 ○ 情報の妥当性や信頼性の吟味の仕方を考える。 ○ グループで例文を読み，主張と根拠となっている情報は何か，不足していると考えられる情報や疑問点の有無などについて述べ合う。 ○ 情報の妥当性や信頼性を吟味する仕方についてノートに記述する。 ○ 「社会の情報化により，従来の文化が様々な影響を受け変容した具体例を取り上げ，今後の在り方や課題について意見文にまとめる」という学習課題について知る。 ○ 学習課題を踏まえたキーワードを出し合う。 ○ キーワードを手がかりに身近な例を二つ挙げ，「社会の情報化」が「文化」に与えた影響や変化についてノート	・これまでに学習した情報の信頼性の確かめ方や引用の仕方について読み手の視点で確認する。 ・例文として，論説文や新聞記事から複数の事例を挙げたり，インタビューと調査結果を組み合わせたりしている文章等を示す。 ※学習支援ソフトを利用する場合はクラウドに提出させる。 ・ここでは，身近な事例や自分の見聞のみを根拠とせず，信頼できる情報を複数挙げ，その関係を明らかにしながら根拠として活用することを意図し，「複数の情報を組み合わせ，情報の妥当性や信頼性を吟味しながら伝えたいことを明確にすること」を条件として提示する。 ・「社会の情報化」から連想されるキーワードの例としては，例えば，「インターネット」，「メディア」，「デジタル」，「オンライン」，「リモート」，「端末」，「アプリ」，「コンテンツ」，「動画配信」などが考えられる。	［知識・技能］① 「記述の確認」ノート ・情報の妥当性や信頼性を確認する方法について理解を深めているかを確認する。

	に記述する。 ○ 二つの例について，共通点や相違点などを整理しながら取り上げる題材を考えるとともに，論じる立場を決める。	・変化した「文化」の例としては，例えば，「コミュニケーション」，「芸術」，「書籍」，「食文化」，「観光」などが考えられる。 ・二つの例の関係が分かるよう整理の仕方を考えさせる。	
2	○ 情報検索の方法を考えながら，必要な情報を収集する。 ○ 集めた情報の妥当性や信頼性について思考ツールを用い吟味しながら根拠を検討し，ワークシートに記述する。 ○ グループでワークシートの記述をもとに各自の主張を述べ合い，その根拠について情報の妥当性や信頼性を相互に点検する。	・図書館の蔵書検索や新聞記事データベースを活用し，複数の情報源から情報を収集し，内容を比較検討させる。	[思考・判断・表現] ① 「記述の分析」ワークシート（思考ツールを印刷したもの） ・適切な題材を決め，集めた情報の妥当性や信頼性を吟味して，伝えたいことを明確にしているかを分析する。
3	○ 伝えたい内容を検討するとともに，情報の組合せや根拠の示し方の工夫について考え，構成メモに記述する。 ○ 構成メモに基づいて意見文を作成する。	・「構成メモ」にはテーマ，キーワード，工夫したい点（内容と表現）及び構成表の欄を設ける。	[思考・判断・表現] ② 「記述の確認」構成メモ ・自分の考えが的確に伝わるよう根拠の示し方や表現の工夫をしているかを確認する。
4	○ 推敲した後，グループで相互評価を行い，自分の文章を振り返り，加筆，修正に生かす。 ○ 単元の学習で得た気付きをノートに記述し，グループや全体で共有する。	・主張を支える根拠の妥当性や信頼性の吟味の仕方を理解し，情報を適切に組み合わせることで主張を明確にすることができたか考えさせる。	[主体的に学習に取り組む態度] ① 「記述の確認」ノート ・自分の考えを的確に伝えるため，情報の吟味や根拠の示し方をどのように工夫しようとしたのかを確認する。

《本授業例における評価の実際》

5　観点別学習状況の評価の進め方

　共通必履修科目「現代の国語」の「内容」の〔思考力，判断力，表現力等〕「Ｂ書くこと」に関する指導については，「内容の取扱い」(1)イに「30〜40 単位時間程度を配当するものとし，計画的に指導すること」と示されている。このことを踏まえ，本事例では，「Ｂ書くこと」に関する資質・能力を目標として掲げ，単元のまとまりの中でその育成を重点的に図る指導と評価の計画を示している。本事例では，特に，「知識・技能」の評価について詳細に説明する。

（1）［知識・技能］の評価

　［知識・技能］①の「情報の妥当性や信頼性の吟味の仕方について理解を深め使っている」状況を「根拠としての情報の妥当性や信頼性を確認する適切な方法について具体的に記述している」姿（「おおむね満足できる」状況（B））と捉え，第1次に評価した。

　ここではまず，他の高校生が書いた意見文の一部を示し，「信頼できる情報とは何か」について考えさせ全体で共有した。次に，新聞記事（資料1）と新書の一部（資料2）を用いて「根拠としての確かさ，ふさわしさ」の吟味の仕方をグループで考えさせた。その後，個人で根拠としての妥当性や信頼性について検討が必要なことを見いだし，それを解決するための情報の妥当性や信頼性の吟味の仕方についてノートに記述させた。ここでは問題点を具体的に取り上げ，情報の妥当性や信頼性を確認するための適切な方法を考えているかをノートの記述によって評価する。

　次の【生徒Wの記述の一部】において生徒Wは，専門家の体験談をあくまでも個別の事例と捉え，それが一般化できるのかという疑問をもっている。これに対して，複数の資料やデータで確かめるという「吟味の仕方」を具体的に記述していることから，根拠としての妥当性を吟味する適切な方法を理解していると考えられるため，評価規準を満たしていると判断し，「おおむね満足できる」状況（B）と評価した。

【生徒Wの記述の一部】

○気付いたこと：資料1では<u>専門家の体験談が中心に書かれていた</u>。専門家だから信じたいけれど，<u>この人の場合に限られるかも知れない</u>。だから，本当にそうなのか分からない。
○吟味の仕方：<u>同じテーマを取り上げた別の資料やデータで確認する</u>。

　また，次の【生徒Xの記述の一部】において生徒Xは，根拠となるグラフと主張との関係に着目し，本文の記述とグラフから読み取れる内容との不一致と調査時期に関する情報の不足の2点を指摘している。「吟味の仕方」としては，根拠とされる「グラフや図」の信頼性を「情報源や調査の時期」で確認するとともに，提示された資料が部分的なものであることに注目し，全体を通して筆者の意見が妥当なものであるかを再検討しようとしている。

　生徒Xについては，主張と根拠の関係が誰から見ても適切なものであるかという視点に立ち，根拠としての妥当性や信頼性を確認する的確な方法を複数挙げていることから，「知識及び技能」を効果的に活用していると判断し，「十分満足できる」状況（A）と評価した。

【生徒Xの記述の一部】

○気付いたこと：資料2の本文に「ここ数年は大きく減っている」とあるが，<u>次のページのグラフでは全体から見てあまり下がっていないから本当に「大きく」減っていると言えるのか？「ここ数年」とあるがいつの調査か書かれていないから具体的な期間が分からない。</u>
○吟味の仕方：本文の内容だけでなく<u>グラフや図そのものが信頼できるのかを確かめるため，情報源や調査の時期を調べる。また，資料2は一部なので前後や全体を見てその上で筆者の指摘する「減少傾向」が本当なのか考える。</u>

　一方，情報の妥当性や信頼性の吟味の仕方ではなく「インターネットに同じ意見がたくさん出ているから確かだ」，「公的機関が出しているから信頼性が高い」のように，単に情報量の多さや媒体や発信の出処のみで判断している生徒については「努力を要する」状況（C）と判断した。媒体の種類が情報の信頼性を判断する材料の一つになり得ることを理解している点は認めつつ，あくまでも一つ一つの情報が吟味の対象であること，特に意見を支える根拠としての妥当性や信頼性が検討対象であることを確認させた。また，引用の仕方が妥当であっても，論旨や文脈にふさわしいかを考えることが重要であることなどを具体的に示し，再検討するよう促した。

（2）［思考・判断・表現］の評価

　［思考・判断・表現］①の「『書くこと』において，目的や意図に応じて，実社会の中から適切な題材を決め，集めた情報の妥当性や信頼性を吟味して，伝えたいことを明確にしている」状況を，「適切なテーマを決め付箋に書き，集めた情報の妥当性や信頼性について思考ツールを用いて吟味し，伝えたいことを具体的にワークシートに記述している」姿（「おおむね満足できる状況（B））と捉え，第2次に評価した（なお，思考ツールはワークシート内に掲載し，ここに記入させる）。

　まず，取り上げるテーマを付箋に具体的に記述させることで適切な題材であるかを判断した。本単元における「適切な題材」とは，「社会の情報化により影響を受けた文化」について「今後の在り方や課題」を具体的に考えることができるものである。ただし，社会の情報化の影響が明確でないものや変化の様子が定かでないものは該当しない。

　次に，集めた情報の妥当性や信頼性について適切に吟味し，伝えたいことを明確にしているかを判断するため，集めた情報を，思考ツール（情報分析チャート）を用いて「事実」（自分の観察に基づくものや出典が明らかなデータ）と「伝聞」（他者の体験や意見の引用）に分類しながら吟味するとともに，必要な情報を組み合わせて「意見」を考え，ワークシートに記述させた。なお，集めた情報を分類する際，それぞれのカテゴリの中でも信頼性のより高いものを選ぶよう指導した。

　これらを踏まえ，情報を吟味する過程が適切であり，そこから導き出した「意見」が具体的に記述されているかどうかについて，思考ツールを掲載したワークシートから分析した。

　例えば，生徒Yは，「オンライン会議」を取り上げ，付箋にテーマとして「効率化と円滑なコミュニケーションの両立」と記述している。社会の情報化により会議の在り方やコミュニケーションの取り方が影響を受け，変化したことが指摘できる事例であり，課題に適合しているテーマであると判断できる。

　次に，生徒自身が参加する地域のボランティアサークルで，メールやＳＮＳでの連絡やクラウドを用いたやり取りが最近3年間で増加しているデータと，情報を発信しても互いに確認し合う場がないことにより受け手による誤解や齟齬が生じた事例を「事実」として挙げている。これらと，新書から得た「目的意識の共有の工夫」や，新聞記事から得た世代間の意識の違いから運営を維持出来なかった事例とを組み合わせて，「今後，活動を維持するためには情報化による『効率化』だけではなく『目的意識やモチベーションの共有』が必要だ。そのためには，よりよい伝え合いにも目を向けることが大切ではないか」という主張を記述し，伝えたいことを明確にしている過程が見られた。これらから，評価規準を満たしていると判断し，「おおむね満足できる」状況（B）と評価した。

　一方，付箋に記すテーマが「パブリックビューイング」，「オンライン展覧会」など話題としては分かるが，事象の変化をどのような問題として捉えたのかが不明瞭なものや根拠としてふさわしくない生徒については「努力を要する」状況（C）と判断した。付箋の内容がはっきりしない生徒に対しては，集めた情報からその話題をどのように考えたいのかを確認し，言葉を補うなど再考を促した。また，根拠がふさわしくない生徒に対しては，反論を想定させたり，新聞記事データベース等を用いて複数の事例を比較した上でその主張が成り立つのか考えさせたりするなど，情報を組み合わせる過程で多面的，多角的に検討するよう指導した。

　［思考・判断・表現］②の「『書くこと』において，自分の考えや事柄が的確に伝わるよう，根拠の示し方や説明の仕方を考えている」状況を「自分の考えが的確に伝わるよう根拠の示し方や説明の仕方の工夫を構成メモに具体的に記述している」姿（「おおむね満足できる」状況（B））と捉え，第3次に評価した。

　ここでは，構成メモの記述から自分の考えが的確に伝わるよう根拠の示し方や説明の仕方を考えているかを確認する。構成メモは「工夫したい点」，「構成表」等の項目を備える。「工夫したい点」は自分の考えを的確に伝えるため，情報の重要度や情報と情報をどのように関係付けるのかを考えさせ，根拠の示し方や説明の仕方についてどのような工夫を目指すのかを記述するよう指導した。

これを踏まえ，「構成メモの『工夫したい点』において根拠の示し方や説明の仕方を具体的に考える記述があるか」，「構成メモの『構成表』においてどこで根拠を示し，どのように説明するかが示されているか」の2点を確認した。

例えば，図書委員の生徒Zは，「電子書籍の普及により高校生の『読書離れ』に歯止めがかかるのか」というテーマで考え，委員会で全校生徒に行ったアンケート，文化庁「平成30年度『国語に関する世論調査』」，複数の新聞から選んだ投書，電子書籍をよく利用する知人やマンガしか読まない姉へのインタビュー等を集めた。「工夫したい点」欄には，「『世論調査』で全国的な傾向を示して問題提起したのち，身近な問題であることを分かってもらうために委員会のアンケート結果（貸出冊数と読書時間に占める電子書籍利用の割合）を出す」と記述している。「構成表」には「①本当に高校生は本を読まないのか（問い掛け，話題），②問題提起（『世論調査』を引用する），③『委員会アンケート』の分析から意見を述べる，④新聞の投書を引用して反論を想定，⑤それを踏まえて結論を述べる」と記述している。

ここから，『世論調査』と『委員会アンケート』との規模と調査対象の違いを踏まえ，全体を俯瞰した後「身近な問題であることを分かってもらうため」というねらいのもとで提示の順序を考えていることが分かる。これらから，自分の考えが的確に伝わるよう根拠の示し方と説明の仕方を考えていると判断し，「おおむね満足できる」状況（B）と評価した。

一方，根拠の示し方において，複数の適切な根拠を組み合わせて説得力を高めたり，説明の仕方の工夫において，的確な事例を複数挙げて伝えたいことをより明確にしていたりする生徒については，学習の状況が質的な高まりや深まりを示していると判断し，「十分満足できる」状況（A）と評価した。

なお，根拠の示し方や説明の仕方についての工夫が具体的に表現できていない生徒については「努力を要する」状況（C）と評価した。その際，具体的な工夫が思い付かない状況なのか，伝えたいことが明確ではなく工夫につながらない状況なのかを聞き取り，伝えたい内容を整理させ，それを伝えるために用いる情報の選択や提示の順などについて具体的な工夫を考えるよう指導した。加えて，構成メモの相互点検を行う場面では，読み手の立場から「読んで分かりにくい」事例から振り返らせ，自分の意見文をどのように修正すればよいのかを考えるよう指導した。

（3）[主体的に学習に取り組む態度] の評価

[主体的に学習に取り組む態度]①の「意見文を書くことを通して，情報の妥当性や信頼性の吟味の仕方について理解を深め，伝えたいことを明確にし，自分の考えや事柄が的確に伝わるよう根拠の示し方や説明の仕方を粘り強く考える中で，自らの学習を調整しようとしている」状況を，「積極的に意見文を書き，試行錯誤しながら，自分の考えや事柄が的確に伝わるよう情報の妥当性や信頼性の吟味の仕方や根拠の示し方を粘り強く考えようとしていることをノートに記述している」姿（「おおむね満足できる」状況（B））と捉え，第4次に評価した。

本単元では，毎次の目標に照らして学習活動の振り返りを行い，「学習の成果」と「課題」をノートに記述させた。これにより次の学習の過程に見通しをもつとともに，学習に向き合う自身の変容と自己の課題に対する省察を記録するよう指導した。

6　観点別学習状況の評価の総括

本単元では，以下のような【評価メモ】を作成し，生徒の学習の状況を整理した。「おおむね満足できる」状況（B）と判断する例（姿）を示した。各評価の観点において，「Bと判断する状況」を満たした生徒のうち，さらに質的な高まりや深まりが見られた生徒は「十分満足できる」状況（A）と判断し，「評価」欄に「A」と記録している。併せて「十分満足できる」状況（A）と判断する手がかりを記載した。「努力を要する」状況（C）にあると判断した生徒がいる場合には，「評価」欄に「C」を記録するとともに，状況と指導内容を付記することも考えられる。

【評価メモ】

	観点	[知識・技能]		[思考・判断・表現]			[主体的に学習に取り組む態度]	
評価規準		①情報の妥当性や信頼性の吟味の仕方について理解を深め使っている。（(2)エ）		①「書くこと」において，目的や意図に応じて，実社会の中から適切な題材を決め，集めた情報の妥当性や信頼性を吟味して，伝えたいことを明確にしている。（B(1)ア）	②「書くこと」において，自分の考えや事柄が的確に伝わるよう，根拠の示し方や説明の仕方を考えている。（B(1)ウ）		①意見文を書くことを通して，情報の妥当性や信頼性の吟味の仕方について理解を深め，伝えたいことを明確にし，自分の考えや事柄が的確に伝わるよう根拠の示し方や説明の仕方を粘り強く考える中で，自らの学習を調整しようとしている。	
方法	評価方法	記述の確認	単元における評価	記述の分析	記述の確認	単元における評価	記述の確認	単元における評価
番号	氏名	第1次 ○月○日		第2次 ○月○日	第3次 ○月○日		第4次 ○月○日	
1	生徒ア	B	B	C 話題のみ→取り上げる視点や内容を再考	B	B	B	B
2	生徒イ	A 情報の吟味の仕方の理解を深め，論点整理に活用	A	B	B	B	B	B
3	生徒ウ	B	B	B	A 複数の適切な根拠を組み合わせ，論拠に加えて的確な複数の事例あり	B	B	B
4	生徒エ	B	B	B	B	B	B	B

［思考・判断・表現］については，単元における観点別学習状況の総括を行っている。例えば，生徒ウについては，本単元で重点的に指導し評価する内容（次ページの◎印が該当する）を踏まえ，［思考・判断・表現］の「単元における評価」は「おおむね満足できる」状況（B）と総括した。年間を通し，統一した書式で記録すると，同じ指導事項を取り上げる際に見やすく，生徒の学習状況や態度の変化を考える材料にすることができる。

7　年間指導計画に基づいた評価の系統化・重点化

国語科においては，一つの指導事項を年間で複数回繰り返し取り上げて指導することが多い。それは国語科の指導内容が螺旋的・反復的に繰り返しながら資質・能力の定着を図ることを基本としているからである。そのため，年間を見通して当該単元の目標や単元の評価規準を設定することが必要である。

以下に，「現代の国語」の〔思考力，判断力，表現力等〕「B書くこと」の年間指導計画表の例を示した。この表では，縦軸に指導事項及び言語活動例を示し，横軸に単元名を示している。

指導事項の○印は，当該単元で指導し評価する内容を表し，◎印は，特に重点的に指導し評価する内容を表している。また，●印は，その単元で取り上げる言語活動例を示している。

なお，〔知識及び技能〕については，他の領域の指導でも取り上げている。

このように全体を一覧することができる年間指導計画表を作成するとともに，生徒の実態に照らして定期的に修正を加えていくことが重要である。

「年間指導計画表」の例　（「現代の国語」〔思考力，判断力，表現力等〕「Ｂ書くこと」の一部を抜粋）

			指導事項・言語活動例	No.	1	2	5	6
				単元名	❏❏❏❏	❏❏❏❏	❏❏❏	意見文を書こう
				授業時数（合計 35 単位時間）	3	5	4	5
〔知識及び技能〕	(1)	ア	言葉には，認識や思考を支える働きがあることを理解すること。					
		イ	話し言葉と書き言葉の特徴や役割，表現の特色を踏まえ，正確さ，分かりやすさ，適切さ，敬意と親しさなどに配慮した表現や言葉遣いについて理解し，使うこと。			◎		
		ウ	常用漢字の読みに慣れ，主な常用漢字を書き，文や文章の中で使うこと。					
		エ	実社会において理解したり表現したりするために必要な語句の量を増すとともに，語句や語彙の構造や特色，用法及び表記の仕方などを理解し，話や文章の中で使うことを通して，語感を磨き語彙を豊かにすること。				◎	
		オ	文，話，文章の効果的な組立て方や接続の仕方について理解すること。		◎			
		カ	比喩，例示，言い換えなどの修辞や，直接的な述べ方や婉曲的な述べ方について理解し使うこと。					
	(2)	ア	主張と論拠など情報と情報との関係について理解すること。		◎		○	
		イ	個別の情報と一般化された情報との関係について理解すること。			◎		
		ウ	推論の仕方を理解し使うこと。					
		エ	情報の妥当性や信頼性の吟味の仕方について理解を深め使うこと。					◎
		オ	引用の仕方や出典の示し方，それらの必要性について理解を深め使うこと。				◎	
	(3)	ア	実社会との関わりを考えるための読書の意義と効用について理解を深めること。					
〔思考力，判断力，表現力等〕	(1)	ア	目的や意図に応じて，実社会の中から適切な題材を決め，集めた情報の妥当性や信頼性を吟味して，伝えたいことを明確にすること。					◎
		イ	読み手の理解が得られるよう，論理の展開，情報の分量や重要度などを考えて，文章の構成や展開を工夫すること。		◎			
		ウ	自分の考えや事柄が的確に伝わるよう，根拠の示し方や説明の仕方を考えるとともに，文章の種類や，文体，語句などの表現の仕方を工夫すること。			◎		○
		エ	目的や意図に応じて書かれているかなどを確かめて，文章全体を整えたり，読み手からの助言などを踏まえて，自分の文章の特長や課題を捉え直したりすること。				◎	
	(2)	ア	論理的な文章や実用的な文章を読み，本文や資料を引用しながら，自分の意見や考えを論述する活動。					●
		イ	読み手が必要とする情報に応じて手順書や紹介文などを書いたり，書式を踏まえて案内文や通知文などを書いたりする活動。			●		
		ウ	調べたことを整理して，報告書や説明資料などにまとめる活動。				●	
			（上記以外の言語活動）		●			

第3編
事例2

国語科　　事例3（現代の国語）
キーワード　「思考・判断・表現」の評価

単元名
　論理的な文章の内容や構成，論理の展開について理解し要旨を把握しよう

内容のまとまり
〔知識及び技能〕(2)情報の扱い方に関する事項
〔思考力，判断力，表現力等〕「C読むこと」

《授業例》

1　単元の目標

(1) 主張と論拠など情報と情報との関係について理解することができる。　〔知識及び技能〕(2)ア

(2) 文章の種類を踏まえて，内容や構成，論理の展開などについて叙述を基に的確に捉え，要旨や要点を把握することができる。　　　　　　　　　　〔思考力，判断力，表現力等〕C (1)ア

(3) 言葉がもつ価値への認識を深めるとともに，生涯にわたって読書に親しみ自己を向上させ，我が国の言語文化の担い手としての自覚をもち，言葉を通して他者や社会に関わろうとする。

「学びに向かう力，人間性等」

2　本単元における言語活動

　論理的な文章を読み，主張と論拠との関係に着目して要約する。

(関連：〔思考力，判断力，表現力等〕C (2)ア)

3　単元の評価規準

知識・技能	思考・判断・表現	主体的に学習に取り組む態度
①主張と論拠など情報と情報との関係について理解している。((2)ア)	①「読むこと」において，文章の種類を踏まえて，内容や構成，論理の展開などについて叙述を基に的確に捉え，要旨や要点を把握している。(C (1)ア)	①論理的な文章の要約を通して，主張と論拠との関係について理解し，内容や構成，論理の展開などについて叙述を基に的確に捉え要旨を把握することに向けて粘り強い取組を行う中で，自らの学習を調整しようとしている。

4　指導と評価の計画（全3単位時間想定）

次	主たる学習活動	評価する内容	評価方法
1	○ 単元の目標や進め方を確認し，学習の見通しをもつ。 ○ これまでの学習や読書経験を振り返り，説得力の高い論理的な文章の特徴について全体で話し合う。 ○ 共通のテーマを取り上げた短い論理的な文章（新書の一部や新聞の社説など）Ⅰ及びⅡについて，構成や論理の展開についてノートに整理する。	［知識・技能］①	「記述の点検」

	○ それぞれの文章の主張と論拠，それらの関係について考え，主張と論拠との関係について理解する。		
2	○ Ⅰ，Ⅱと同じテーマを取り上げたやや長い論理的な文章Ⅲを読み，主張，論拠，文章の構成，論理の展開についてワークシートに記入した後，200字程度で要約する。	［思考・判断・表現］①	「行動の観察」「記述の点検」
3	○ グループで互いの要約を読み，気付いたことを述べ合う。 ○ グループで話し合ったことを全体で発表し共有する。 ○ 単元全体を通した学習の振り返りを行い，文章の要旨を把握する上での留意点等を理解し，自らの考えを深める。	［主体的に学習に取り組む態度］①	「記述の分析」

【単元の流れ】

次	学習活動	指導上の留意点	評価規準・評価方法等
1	○ 単元の目標や進め方を確認し，学習の見通しをもつ。 ○ これまでの学習や読書経験を振り返り，説得力の高い論理的な文章の特徴について全体で話し合う。 ○ 共通のテーマを取り上げた短い論理的な文章（新書の一部や新聞の社説など）Ⅰ及びⅡについて，それぞれの文章の主張と論拠についてノートに整理する。 ○ ノートに記述した，それぞれの主張と論拠との関係について，そのように言える理由と，それぞれの主張と論拠の共通点について理解する。	・単元の目標を明確にし，学習方法などを説明し，各時間の終わりに振り返りシートに，学習記録や振り返りを記入させる。 ・文章Ⅰ及びⅡのそれぞれについて，主張を示した表現，論拠を示した表現に異なる線や色を記して区別させる。 ・主張と論拠を「○○○。なぜなら△△△だからだ。」という形式で，ノートに整理させる。また，その部分を選んだ理由，それぞれの主張と論拠の共通点についても書かせる。 ・二つの文章における主張と論拠を比較することで，同じテーマや事象を扱った文章でも，主張や論拠が異なることがあり得ること，主張と論拠との関係の妥当性が文章の説得力に影響を与えることに気付かせる。	［知識・技能］① 「記述の点検」ノート ・論理的な文章の中から主張と論拠を示す表現を区別し，それらの関係について的確に理解しているかを点検する。
2	○ Ⅰ，Ⅱと同じテーマを取り上げたやや長い論理的な文章Ⅲを新たに読み，主張と論拠，文章の構成や論理の	・前時の学習を踏まえ，同じテーマや事象を扱った別の文章について，主張と論拠などに着目させながらワークシートを作成させる。	［思考・判断・表現］① 「記述の点検」 ワークシート，ノート

	展開について，ワークシートに記入する。 ○ ワークシートを基に，文章を 200 字程度で要約する。	・要約する活動は個人での学習とし，ノートにまとめさせる。	・論理的な文章について，内容や構成，論理の展開などについて的確に捉えて要約しているかを点検する。
3	○ グループで互いの要約を読み合い，文章の主張と論拠，構成や論理の展開を踏まえた文章の要約になっているかについて話し合う。 ○ グループで話し合ったことを全体で発表し共有する。 ○ 本単元の学習を振り返る。	・グループ活動では，それぞれの文章の主張と論拠を的確に捉えられているか，文章の要旨を把握して要約できているかなどについて確認し合い，その妥当性について根拠をもって指摘し合うようにさせる。	［主体的に学習に取り組む態度］① 「記述の分析」振り返りシート ・論理的な文章について，その内容や構成，論理の展開などを叙述に絶えず着目しながら捉え，より良い要約になるよう取り組んでいるかを分析する。

《本授業例における評価の実際》

5 観点別学習状況の評価の進め方

　共通必履修科目「現代の国語」の「内容」の〔思考力，判断力，表現力等〕「C読むこと」に関する指導については，「内容の取扱い」(1)ウに「10～20 単位時間程度を配当するものとし，計画的に指導すること」と示されている。このことを踏まえ，本事例では，「C読むこと」に関する資質・能力の育成を目標として掲げ，「A話すこと・聞くこと」及び「B書くこと」に関する指導とは区別し，あくまでも「C読むこと」の単元のまとまりの中でその育成を重点的に図る指導と評価の計画を示している。なお，本事例では，特に，「思考・判断・表現」の評価について詳細に説明する。

（1）［知識・技能］の評価

　［知識・技能］①の「主張と論拠など情報と情報との関係について理解している」状況を，「論理的な文章の中から主張と論拠を示す表現を区別し，それらの関係について的確に理解している」姿（「おおむね満足できる」状況（B））と捉え，第1次に評価した。

　『高等学校学習指導要領（平成 30 年告示）解説国語編』(P.78) では，「主張」について，「要求や依頼，批判や共感などを自分の意見として述べ，相手を説得したり納得させたりすることをねらいとするもの」，「論拠」について，「主張がなぜ成り立つかを説明するための根拠と理由付けのことであり，根拠のみならず，主張が妥当な理由付けに支えられていることを示すもの」と示されている。これらを踏まえ，「主張」を「書き手の意見」，「論拠」を「根拠と理由付け」として示し，文章I及び

Ⅱについて，「○○○○。なぜなら△△△だからだ。」という形式に基づき，それぞれ「主張と論拠」を整理させるとともに，「そのように考えた理由」，両者の「共通点」についても併せて記入させた。

　例えば，生徒Ｖは，【生徒Ｖのノートの記述】の中の，「主張と論拠」欄から，二つの文章について，「書き手の意見」としての「主張」と，「根拠と理由付け」としての「論拠」とを的確に示していることが分かる。さらに，「そのように考えた理由」欄と「共通点」欄から，単に「主張」と「論拠」とを示すだけでなく，本文の「タイトル」や強調表現，具体的な事実を示す言葉など，言葉に着目しながら，「主張」とは何か，「論拠」とは何か，両者の関係はどのように強められているかなど，「主張と論拠との関係」について概念的な理解を得ていることが分かる。これらから，評価規準を満たしていると判断し，「おおむね満足できる」状況（Ｂ）と評価した。

【生徒Ｖのノートの記述】

	文章Ⅰ	文章Ⅱ
主張と論拠	宇宙探査機○○の任務の成功を心から賞賛したい。なぜなら，△△△△や△△△△など，幾度の失敗を粘り強く乗り越えて勝ち得た任務の遂行であることが詳細に報告されたからだ。	宇宙探査機○○の偉業を見守った子供たちから，将来，科学者や技術者を目指す人材がきっと出てくるに違いない。なぜなら，この成功を支えたのは若い世代の取組であり，夢や希望を与えられた子供たちがいたからだ。
そのように考えた理由	・「主張」については，書き手が最も自分の思いを強調するべき，本文のタイトルに「宇宙探査機○○の成功に喝采」とあったから。 ・「論拠」については，失敗を乗り越えたことだけでなく，△△△△や△△△△など，その具体的な事実が複数示されていたから，理由付けと根拠に当たると思ったから。	・「主張」については，書き手の思いを述べた「きっと」，「～に違いない」という強い言葉は最終文にしか使われていないし，本文の中盤で若手人材の育成に関する他分野の話題もあったから。 ・「論拠」については，若者が研究者や技術者を目指すのは夢や希望をもつからであり，成功を支えた若い世代の取組の具体的な解説と，この成功を知った小学生たちの憧れの声も掲載されていたから。
共通点	どちらも，「主張」には書き手の強い思いや考えが本文で最も強調されていることが分かる言葉が含まれていて，「論拠」には，それを補強する具体的な事実が含まれていると思った。	

　一方，生徒Ｗは，【生徒Ｗのノートの記述】の中の，「主張と論拠」欄のうち，「文章Ⅰ」については，「宇宙探査機○○の任務は無事成功した」と，「主張」ではなく事実のみを示している。また，「文章Ⅱ」については，単に「成功を支えたチーム内には，若い世代のメンバーがいた」ことのみを取り上げているが，このことが「憧れる若者が多く出てくるだろう」という判断に至るとは必ずしも言えない。「そのように考えた理由」欄や「共通点」欄の記述からも，言葉に着目しながら，「主張」とは何か，「論拠」とは何か，両者の関係はどのように強められているかなど，「主張と論拠との関係」についての概念的な理解を得ていると判断するのは難しい。このように，「主張と論拠との関係」についての理解ができていない生徒については，「努力を要する」状況（Ｃ）と判断した。Ｃと評価した生徒に対しては，Ｂを実現するための具体的な手立てとして，「主張」を「書き手の意見」，「論拠」を「根拠と理由付け」と捉えることについて改めて確認した上で，「意見」，「根拠」，「理由付け」と判断できる言葉に具体的に着目するよう助言した。

【生徒Wのノートの記述】

	文章Ⅰ	文章Ⅱ
主張と論拠	宇宙探査機○○の任務は無事成功した。なぜなら，幾度の失敗はあったものの，それらを乗り越えたからだ。	宇宙探査機○○の偉業に憧れる若者が多く出てくるだろう。なぜなら，成功を支えたチーム内には，若い世代のメンバーがいたからだ。
そのように考えた理由	・「主張」については，文章のタイトルに「宇宙探査機○○の成功」という言葉があったから。 ・「論拠」については，失敗を乗り越えたことが書かれていたから。	・「主張」については，本文の最後の一文だから。 ・「論拠」については，「若い」という点が「主張」と共通しているから。
共通点	どちらも，「主張」には書き手が最も訴えたい事が書かれていて，「論拠」には，「主張」と関連が深い言葉が含まれている。	

（2）［思考・判断・表現］の評価

　［思考・判断・表現］①の「『読むこと』において，文章の種類を踏まえて，内容や構成，論理の展開などについて叙述を基に的確に捉え，要旨や要点を把握している」状況を「論理的な文章について，内容や構成，論理の展開などについて的確に捉えて要約している」姿（「おおむね満足できる」状況（B））と捉え，第2次に評価した。

　『高等学校学習指導要領（平成30年告示）解説国語編』（P.99）には，「内容や構成，論理の展開などについて叙述を基に的確に捉えるとは，その文章が書き手の主張を支えるために，材料としてどのようなものを選び，それをどのように組み立て，どのような筋道で考えなどを述べているのかを，文章の叙述を基に的確に捉えることである。」，「要旨とは，文章の内容の中心的な事柄や書き手の考えの中心となる事柄のことである。」と示されている。これらを踏まえ，ここでは，第1次で読んだ文章Ⅰ及びⅡと共通したテーマを取り上げた，やや長い文章Ⅲを提示し，論理的な文章の書き手の主張が，どのような論拠に支えられているか，それらがどのように組み立てられているかなど，内容や構成，論理の展開の特徴をまとめたワークシートを作成させ，それに基づき，書き手の考えの中心となる事柄を踏まえた200字程度の要約文を書かせることを通して，評価した。

　なお，本事例では，要約文の作成そのものを目標とするのではなく，あくまでも「内容や構成，論理の展開などについて叙述を基に的確に捉え，要旨や要点を把握している」ことを確認し，評価するために要約文を作成させている。そのため，ここでは，結果として，整った要約文を書き上げたことのみをもって評価を行うことのないように留意した。

　例えば，生徒Xは，【生徒Xのワークシートの記述】に，「民間企業の技術の活用は宇宙関連産業の発展につながる」を文章Ⅲの主張とし，さらに，論拠につながる内容（根拠や理由付け）を文章Ⅲから3点示している。1点目は，「今回の成功」が「民間の協力」も得たものであったという文章Ⅲの題材に深く関連した事実，2点目は，「国際的な競争」や「政府予算の不十分さ」といった，「宇宙関連産業の発展」を取り巻く客観的な状況，3点目は，「民間企業」による宇宙開発プロジェクトの取組の存在であり，いずれも文章Ⅲから取り出したものである。さらに，「構成や論理の展開の特徴」欄に，これら3点と関連し，主張につながる理由付けである「宇宙探査機○○の偉業の意義を発展させていく重要性」にも言及している。これらを踏まえて，【生徒Xの要約文】では，「文章の組立て」

に沿って，主張と論拠との整合に留意してまとめられており，論理の展開が明確な要約文となっている。これらから，評価規準を満たしていると判断し，「おおむね満足できる」状況（Ｂ）と評価した。

【生徒Ｘのワークシートの記述】

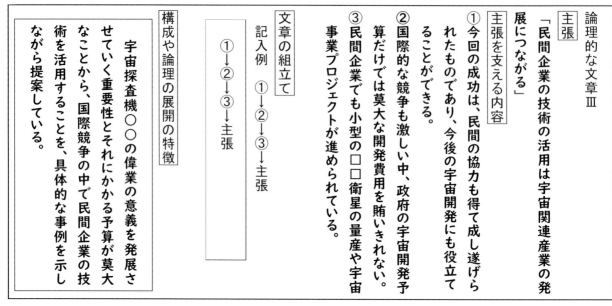

論理的な文章Ⅲ

主張
「民間企業の技術の活用は宇宙関連産業の発展につながる」

主張を支える内容
① 今回の成功は、民間の協力も得て成し遂げられたものであり、今後の宇宙開発にも役立てることができる。
② 国際的な競争も激しい中、政府の宇宙開発予算だけでは莫大な開発費用を賄いきれない。
③ 民間企業でも小型の□□衛星の量産や宇宙事業プロジェクトが進められている。

文章の組立て
記入例
①→②→③→主張
①→②→③→主張

構成や論理の展開の特徴
宇宙探査機○○の偉業の意義を発展させていく重要性とそれにかかる予算が莫大なことから、国際競争の中で民間企業の技術を活用することを、具体的な事例を示しながら提案している。

【生徒Ｘの要約文】

今回成功した宇宙探査機○○の技術は，民間企業も協力して高められたものだ。宇宙開発を巡っては，世界各国が激しく競争している。この成功をもとに，日本が基盤技術を押さえられれば，国際的な△△プロジェクトなどを有利に進められる可能性がある。そのために，民間から大胆な探査計画を募るのも一案だ。なぜなら全てを国の予算で賄うには莫大な資金が必要だからだ。民間では宇宙産業への研究開発が進んでいる。これらの積極的な活用は今後の宇宙関連産業の発展につながる。

　一方，生徒Ｙは，【生徒Ｙのワークシートの記述】に，「宇宙開発の民間移転への移行は急務だ」を文章Ⅲの主張とし，論拠につながる内容（根拠や理由付け）を文章Ⅲから３点示している。１点目は，「宇宙で資源を探し持ち帰る技術を開発できたこと」という事実とそれを「大きな成果だ」と評価する内容，２点目は，「国際競争も激化している」ことから「予算の限られる日本は油断できない」という認識，３点目は，「新たな技術を提供する企業も育っている」という事実である。しかし，「宇宙開発の民間移転」を「主張」の一部に含みながらも，【生徒Ｙの要約文】には，国から民間に技術を移転する内容が示されていない。また，「民間移転」を「急務」とする必要性の一つは，２点目の「予算の限られる日本は油断できない」という認識にあると考えられるにもかかわらず，ワークシートにも要約文にも，予算軽減と民間活用との関係について言及されていない。文章Ⅲで筆者が主張するのは「民間移転」ではなく「民間技術の活用」であるが，その理由付けとしては，新たな技術が活用できるだけでなく，【生徒Ｘの要約文】のように，十分な予算確保を図るという視点も欠かせない。「構成や論理の展開の特徴」欄にも，「いろいろと述べている」と論拠に足る視点を獲得できていないことが分かる。このように，文章から主張と論拠との関係など，論理の展開を的確に捉えることができていないと考えられる生徒については，「努力を要する」状況（Ｃ）と判断した。Ｃと評価した生徒に対しては，Ｂを実現するための具体的な手立てとして，特に，理由付けの重要性を確認するなど，主張と論拠との関係について再度検討するよう助言した。

【生徒Yのワークシートの記述】

論理的な文章Ⅲ
主張 「宇宙開発の民間移転への移行は急務だ」
主張を支える内容 ① 宇宙で資源を探し持ち帰る技術を開発できたことは大きな成果だ。 ② 宇宙開発については、国際競争も激化しているため、予算の限られる日本は油断できない。 ③ 今回協力した企業だけでなく、新たな技術を提供する企業も育っている。
文章の組立て 記入例 ①→②→③→主張 ① → ② → ③ → 主張
構成や論理の展開の特徴 宇宙探査機〇〇が成し遂げた偉業から今後の宇宙関連産業の開発に話を発展させ、民間企業の技術の活用の必要性について、いろいろと述べている。

【生徒Yの要約文】

　　今回の宇宙探査機〇〇の成し遂げた偉業は，将来の宇宙資源開発に役立てなければならない。宇宙開発については国際競争も激化しているため，日本も負けてはいられない。今回の偉業に協力した企業だけでなく，多くの民間企業は△△衛星の量産など素晴らしい技術を持っている。政府の宇宙開発プロジェクトにより技術開発を行うだけでなく，民間企業が独自に開発している技術も積極的に活用することで，宇宙関連産業を発展させていくべきである。

（3）［主体的に学習に取り組む態度］の評価

　［主体的に学習に取り組む態度］①の「論理的な文章の要約を通して，主張と論拠との関係について理解し，内容や構成，論理の展開などについて叙述を基に的確に捉え要旨を把握することに向けて粘り強い取組を行う中で，自らの学習を調整しようとしている」状況を，「論理的な文章について，その内容や構成，論理の展開などを叙述に絶えず着目しながら捉え，より良い要約になるよう取り組んでいる」姿（「おおむね満足できる」状況（B））と捉え，第3次に振り返りシートで評価した。

　振り返りシートでは，第1時「共通のテーマについて書かれた二つの論理的な文章Ⅰ及びⅡについて比較しながら，主張と論拠との関係を理解する」，第2時「論理的な文章Ⅲについて，主張，論拠，文章の構成，論理の展開について理解し，200字程度で要約する」，第3時「要約した文章を読み合うことで，自らの考えを深める」という各時の学習課題を提示し，その学習課題を解決するために，どのような工夫をしながら学習に取り組んだかを振り返り，次時の学習課題の解決を図る上で，自らの学習をどのように工夫するかを，自らの学習目標（「次の時間の目標」）として振り返りシートに記入させた。また，単元末には「全体の振り返り」として，単元全体の学習過程を通して，自らの成長を振り返らせ，「知識及び技能」を獲得したり，「思考力，判断力，表現力等」を身に付けたりするために，自らの学習状況をどのように把握し，学習の進め方についてどのように試行錯誤したかなど自らの学習を調整しながら，学ぼうとしたかについて評価した。

　例えば，生徒Zは，【生徒Zの振り返りシートの記述】（波線部）から，第1時の学習では，文章の叙述に従って主張と論拠を抜き出す難しさを感じており，それは，文章の内容を理解できていないか

らだと考え，「文章をよく読んで」という言葉を次時の目標にすることで，自らの課題を解決し「要約」という次の学習に生かそうとしている。また，第1時より，文章の構成に着目して読むことを意識しており，「要約を完成させる」というゴールだけではなく，的確な要約をするためには，どのような学びが必要かを理解して，それを授業の中で取り組もうとする姿勢を見取ることができた。そして，全体の振り返りの中で，文章が理解できるまで何度も繰り返して読むことにも言及している。このことから，論理的な文章について，その内容や構成，論理の展開などを叙述に絶えず着目しながら捉え，より良い要約になるよう取り組んでいる姿が見られると判断できる。これらから，評価規準を満たしていると判断し，「おおむね満足できる」状況（B）と評価した。

【生徒Zの振り返りシートの記述】

		今日の授業の振り返り	次の時間の目標
第1次	第1時	主張と論拠とはどういうものか，分かっているつもりでも，文章の中で探すのは難しかった。	文章をよく読んで，内容を理解し，主張と論拠を具体的に抜き出し，その関係を考えることで文章の構成を理解して要約をする。
第2次	第2時	主張と論拠を中心に，文章中の文同士の関係を考えながら，構成がなんとなく分かった。200字程度にするのが難しかった。	他の人の要約を読み，話し合う時，文章の構成の捉え方，文章のまとめ方について意見交換をして，自分の理解を深める。
第3次	第3時	他の人の要約を読むことで，自分では気が付かなかった言葉を，論拠として考えていたり，文章中の言葉を上手く言い換えていたりして，勉強になった。	
	全体の振り返り	主張や論拠，文章構成，論理の展開など，それがどのようなものかを理解していても，文章の中で抜き出すのは，文章の内容を理解していないとできないので，難しいと思った。そして要約は，主張の説得力をもたせたまま文章を短くするので，書かれている内容から必要なものを選び出すことが難しく，文章構成を理解して文章を読むことの重要性がよく分かった。一度読むだけで内容を理解した気にならず，文章構成や論理の展開を理解できるまで，じっくりと読むことで，要約が上手くできるようになったと思う。同じテーマの文章を三つ読み，それぞれについて文章構成や論理の展開を考えたが，書き手によってそれぞれ工夫されていて，説得力の優劣はつけにくいが，自分にとって読み易いもの，読み難いものという感じはあった。	

　一方，学習の振り返りが，要約すべき文章の単なる感想にとどまり，その時間の自らの学習を振り返ることができていないもの，次時の自らの目標が，教師が示した学習課題からかけ離れたものになっているため，「知識及び技能」を獲得したり，「思考力，判断力，表現力等」を身に付けたりするために，自らの学習状況をどのように把握し，学習の進め方についてどのように試行錯誤したかなど自らの学習を調整しながら，学ぼうとしたかが明確でない生徒については，「努力を要する状況」（C）と判断した。Cと評価した生徒に対しては，「振り返りシート」の記述を基に，再度，自らの学習の実現状況を確認させ，本単元の学習の振り返りを行い，次回以降の学習の充実につなげるよう助言した。

国語科　　事例４（言語文化）

キーワード　「主体的に学習に取り組む態度」の評価，ＩＣＴの活用

単元名
和歌や俳句，漢詩等の世界を参考に，自分の体験や思いを散文で表現しよう

内容のまとまり
〔知識及び技能〕(1)言葉の特徴や使い方に関する事項
〔思考力，判断力，表現力等〕「Ａ書くこと」

《授業例》

1　単元の目標

(1)　我が国の言語文化に特徴的な語句の量を増し，それらの文化的背景について理解を深め，文章の中で使うことを通して，語感を磨き語彙を豊かにすることができる。

〔知識及び技能〕(1)ウ

(2)　自分の体験や思いが効果的に伝わるよう，文章の種類，構成，展開や，文体，描写，語句などの表現の仕方を工夫することができる。　　　　　〔思考力，判断力，表現力等〕Ａ(1)イ

(3)　言葉がもつ価値への認識を深めるとともに，生涯にわたって読書に親しみ自己を向上させ，我が国の言語文化の担い手としての自覚をもち，言葉を通して他者や社会に関わろうとする。

「学びに向かう力，人間性等」

2　本単元における言語活動

　和歌や俳句，漢詩等を参考に，伝統行事や風物詩などの文化に関する題材を選んで，散文（随筆・物語等）を書く。　　　　　　　　　　（関連：〔思考力，判断力，表現力等〕Ａ(2)ア）

3　単元の評価規準

知識・技能	思考・判断・表現	主体的に学習に取り組む態度
①我が国の言語文化に特徴的な語句の量を増し，それらの文化的背景について理解を深め，文章の中で使うことを通して，語感を磨き語彙を豊かにしている。（(1)ウ）	①「書くこと」において，自分の体験や思いが効果的に伝わるよう，文章の種類，構成，展開や，文体，描写，語句などの表現の仕方を工夫している。（Ａ(1)イ）	①学習の見通しをもって，散文（随筆・物語等）を書くことを通して，自分の体験や思いが効果的に伝わるよう，粘り強く表現の仕方等を工夫しようとしている。

4　指導と評価の計画（全6単位時間想定）

次	主たる学習活動	評価する内容	評価方法
1	○　単元の目標や進め方を確認し，季節感を題材とした散文を書くという学習の見通しをもつ。 ○　季節感に着目しながら，散文を書くために取り上げる和歌や俳句，漢詩等の作品を選ぶ。 ○　選んだ作品から季節感に関わる表現や語句等を抜き出すとともに，それらに関連する他の表現や語句等を調	［知識・技能］①	「記述の確認」

次	学習活動		評価規準・評価方法等
2	○ 抜き出した表現や語句等を参考にして書く散文について，自分の思いや考えが効果的に伝わる方法や記述する際の留意点などについて話し合う。 ○ 散文の種類や選んだ季節のイメージを意識しながら，第1次で取り上げた表現や語句等を参考にしながら散文を書く。 ○ 書いた散文を相互に評価し合い，コメントや疑問点を付す。 ○ コメント等を踏まえて，表現の仕方を工夫し，推敲を行う。	［思考・判断・表現］①	「記述の分析」
3	○ 推敲後の作品をクラス全体で交流する。 ○ 本単元の学習を振り返る。	［主体的に学習に取り組む態度］①	「記述の確認」

（注：上記の表の最初の行「べたり考えたりして書き出す。」および「○ 抜き出した表現や語句等を参考にして，題材（テーマ）等を決める。」は前ページからの続き）

【単元の流れ】

次	学習活動	指導上の留意点	評価規準・評価方法等
1	○ 単元の目標や進め方を確認し，季節感を題材とした散文を書くという学習の見通しをもつ。 ○ 教師から提示されたりこれまでに学習したりした和歌や俳句，漢詩等の中から，季節感に着目しながら，散文を書くために取り上げる作品を選ぶ。 ○ 選んだ作品から季節感を表す表現や語句等を抜き出す。 ○ 同じ季節など，抜き出した表現や語句等との関連が深い，他の表現や語句等を調べたり考えたりして書き出す。その際，歳時記や類語辞典等を活用する。 ○ 抜き出した季節感を表す表現や語句等を参考にして，題材（テーマ）等を決める。	・和歌や俳句，漢詩等を参考にして制作された随筆・小説などを教師から複数例示する。 ・表現や語句等については，アンケート機能を用いて入力させ，全体で共有する。（※注） ・季節感を表す表現や語句等の抜き出しが，散文を書く手がかりになることを説明する。 ・抜き出した表現や語句等，関連する他の表現や語句等を参考に，季節のイメージを膨らませるよう促す。 ・題材，散文の種類を紹介した上で，自分の思いや体験を効果的に伝えられるものは何かを考えるよう促す。	［知識・技能］① 「記述の確認」アンケート機能によるデータ ・季節感を表す表現や語句等を抜き出したり，関連する他の表現や語句等を適切に書き出したりしているかを確認する。

第3編
事例4

	○ 抜き出した表現や語句等を参考にして書く散文について，自分の思いや考えが効果的に伝わる方法や記述する際の留意点などについて話し合う。 ○ 散文の種類や選んだ季節のイメージを意識しながら，第1次で取り上げた表現や語句等を参考にしながら散文を書く。なお，随筆又は物語のどちらかを選んで書く。	・中学校での既習事項も振り返らせながら，効果的に伝わる方法について考えるよう促す。 ・自分の体験や思いが効果的に伝わるよう，表現の仕方を工夫するよう促す。 ・季節感を表す表現や語句等を参考に，想像を広げ散文を書くよう促す。 ・書いた作品は，学習支援ソフトを用いて提出し，ファイル共有を行う。（※注）	
2	○ 提出された作品について，自分と同じ季節を取り上げたクラスメイトとの間でそれぞれの作品について相互評価を行う。 ○ 他のクラスメイトからのコメントを踏まえて推敲を行う。	・自分と同じ季節を取り上げた生徒との間で，作品を相互に評価し合い，コメントや疑問点を付すよう促す。 ・散文の種類や構成，展開，文体，描写，語句などに着目し，改善点をコメントするよう促す。 ・自分の体験や思いが効果的に伝わるよう，文章の構成，展開や，文体，描写，語句などの表現の仕方を工夫するよう伝える。	[思考・判断・表現] ① 「記述の分析」<u>ファイル共有の機能により保存された文書ファイル</u> ・作品から抜き出した季節感を表す表現や語句等を参考に，自分の体験や思いが効果的に伝わるよう，文章の種類，構成，展開や，文体，描写，語句などの表現の仕方を相互評価による指摘も踏まえて工夫し，文書ファイルに入力しているかを分析する。
3	○ 推敲後の作品をクラス全体で共有する。 ○ 新たに習得した語彙や修辞法，表現上の工夫などをクラス全体で整理する。 ○ 自分の体験や思いが効果的に伝わる散文を書くために，どのように表現の仕方を工夫したのかを振り返り，記入する。	・クラス全体で，自分と異なる季節を取り上げた作品についてもコメントを付け合うよう促す。 ・ファイル共有の機能により共有された文書ファイルを，必要に応じて，学年や校内で共有することも考えられる。（※注） ・自らの学習を振り返り，本単元での学びについて自らの思考の過程等を客観的に捉えるよう促す。	[主体的に学習に取り組む態度] ① 「記述の確認」<u>アンケート機能によるデータ</u> ・散文を完成させる過程

第3編
事例4

- 71 -

		で，相互評価で得たコメントを取り入れるなど自らの表現を繰り返し練ろうとしたかについて振り返り，アンケート機能を用いて入力しているかを確認する。

（※注）学校のICT環境が整っていない場合は，ワークシートやノート等を活用する。

《本授業例における評価の実際》

5 観点別学習状況の評価の進め方

　共通必履修科目「言語文化」の「内容」の〔思考力，判断力，表現力等〕「A書くこと」に関する指導については，「内容の取扱い」(1)アに「5～10単位時間程度を配当するものとし，計画的に指導すること」と示されている。このことを踏まえ，本事例では，「A書くこと」に関する資質・能力を目標として掲げ，単元のまとまりの中でその育成を重点的に図る指導と評価の計画を示している。本事例では，特に，「主体的に学習に取り組む態度」の評価，ICTの活用について詳細に説明する。

第3編
事例4

（1）〔知識・技能〕の評価

　〔知識・技能〕①の「我が国の言語文化に特徴的な語句の量を増し，それらの文化的背景について理解を深め，文章の中で使うことを通して，語感を磨き語彙を豊かにしている」状況を，「アンケート機能を用いて，季節感を表す表現や語句等を抜き出したり，関連する他の表現や語句等を適切に書き出したりしている」姿（「おおむね満足できる」状況（B））と捉え，第1次に評価した。

　『高等学校学習指導要領（平成30年告示）解説国語編』（P.114）には，「我が国の言語文化に特徴的な語句とは，外国の言語文化ではなく，我が国の言語文化の中で磨かれてきた，独特の文化的背景を有する語句のことである。それらの文化的背景について理解を深めるとは，そのような語句の意味や用法を単に理解するだけではなく，それらの語句が背景としてもつ文化的な事柄や価値に対する理解を深めることを指す」と示されている。このことを踏まえ，第1次では次の二つの学習活動を行った。その一つは，語句がもつ文化的な事柄や価値を知ることを通して，作品世界を理解し，自分が書く散文の参考となる作品を選択する活動である。もう一つは，選んだ作品から季節感を表す表現や語句等を抜き出すとともに，抜き出した表現や語句等に関連の深い，同じ季節の他の表現や語句等を調べたり自ら考えたりしてアンケート機能を用いて入力する活動である。後者の活動は，作品のもつ言葉の豊かさに着目し，我が国の言語文化の中で磨かれてきた，独特の文化的背景を有する語句等に対する理解を深めることを目指したものである。

　第1次で実際に評価する場面では，散文を書く際に参考となる我が国の言語文化として特徴的な，季節感を表す表現や語句等に着目した上，抜き出すことができ，抜き出した表現や語句等に関連する同じ季節の他の表現や語句等を自ら考えられているかどうかをみた。

　例えば，生徒Dは，【生徒Dのアンケート機能を用いて入力されたデータの一部】のように，季節としては「夏」を取り上げ，漢詩から「薔薇一院香し」という花の香りに関する表現を抜き出し

た。さらに，そこから「香り」を題材とし，同じく「夏」に関連した「海の香り」や「潮の香り」などの語句を入力している。イメージを広げ，植物の香りだけでなく，海など他の自然に関する香りの語句も記述しており，我が国の言語文化に特徴的な語句の量を増していることがうかがえる。これらから，評価規準を満たしていると判断し，「おおむね満足できる」状況（B）と評価した。

【生徒Dのアンケート機能を用いて入力されたデータの一部】

季節	選んだ作品	季節感を表す表現や語句等	作品におけるこの表現や語句の価値や意味合い	選んだ作品と同じ季節の季節感に関わる他の表現や語句等
夏	漢詩「山亭夏日」	薔薇一院香し	季節と香りを結び付けている点	夏休み，暑い，海の香り，潮の香り，橘の香り

　一方，季節感を表す表現や語句等を入力していても，作品における文化的背景について理解できず，単に表現や語句等を抜き出しただけに終わっている生徒については，「努力を要する」状況（C）と判断した。Cと評価した生徒に対しては，Bを実現するための具体的な手立てとして，選んだ作品の中で，その表現や語句等がどのような価値や意味合いで効果的に用いられているかということに着目するよう助言した。

※　学校のＩＣＴ環境に応じて，例えば，フリーソフトウェアを用いたアンケート機能を活用することができる。同機能による回答結果は送信されるとすぐに画像化される（**図1**参照）。また，データ分析ソフトウェアが自動的に解析結果を示す（**図2**参照）ため，生徒の興味や関心の傾向を分析しつつ，季節感を表す語彙の量や生徒が抜き出した語句等の特徴を把握することができる。さらに，今後の単元における指導に役立てることも考えられる。

≪図1≫

記憶　入道雲　味わう　かき氷
なつかしい　炎ゆ　ひまわり　遊ぶ　海　潮
日傘　暑い　楽しい　夏服　塩素
日記　あさがお　花火　海水浴　プール　橘
絵日記　夏休み　成長する
思い出　夏祭り　楽しい　風鈴
塾　宿題　読書　涼む　すだれ　雑草
つまらない　梅雨　くつろぐ　夕凪

≪図2≫

使用語彙の自動解析

体言	ユニーク度	出現頻度
花火		
プール		
宿題		
海		
夏祭り		
梅雨		

※出現頻度と使用パターン特徴のAI解析結果

用言	ユニーク度	出現頻度
暑い		
楽しい		
遊ぶ		
涼む		
なつかしい		
くつろぐ		

（2）［思考・判断・表現］の評価

　［思考・判断・表現］①の「『書くこと』において，自分の体験や思いが効果的に伝わるよう，文章の種類，構成，展開や，文体，描写，語句などの表現の仕方を工夫している」状況を，「作品から抜き出した季節感を表す表現や語句等を参考に，自分の体験や思いが効果的に伝わるよう，文章の種類，構成，展開や，文体，描写，語句などの表現の仕方を相互評価による指摘も踏まえて工夫し，文書ファイルに入力している」姿（「おおむね満足できる」状況（B））と捉え，第2次に評価した。

　『高等学校学習指導要領（平成30年告示）解説国語編』（P.124）には，「効果的に伝わるようとは，読み手を想定し，誰に何のためにどのようなことを伝えようとするのかといった観点に基づいて，我が国の言語文化に根差したより適切な表現を工夫することを指している。」と示されている。このことを踏まえ，第2次では，季節感を表す表現や語句等を参考にして，自分の体験や思いが効果的に伝わるよう散文を書く活動を行った後，書いた散文を相互評価し，改善点等を指摘するコメントを付す活動，相互評価で指摘されたコメントを踏まえて，必要に応じて書き直す活動を行った。

　評価に当たっては，季節感を表す表現や語句等を参考に自分の体験や思いが効果的に伝わる表現の工夫をしているか，相互評価で指摘されたコメントを踏まえて，必要に応じて効果的に伝わるよう表現を書き直しているかなどをみることとした。

　例えば，生徒Eは，**図3**の中の【**生徒Eの文書ファイルの記述の一部**】のように，書き直す前から学習課題に沿って，「水精の簾　動きて　微風起こり」という夏の季節感を感じさせる一節を取り上げた文章を書いていたが，表現の仕方については改善の余地が見られ，生徒F，G，Hのコメントを受け，大きく書き直していることが分かる。「余韻を持たせるような書き方」を提案した生徒Fのコメントを参考に，「こんなことを思い出した」と，昔を振り返るような，読み手を意識した書きぶりに修正している。また，生徒Gの「違和感」を示したコメントに対しては，言葉を補って読みやすくなるように工夫をしたことが分かる。さらに，生徒Hのコメントを受け，「何となく心が躍る」という理由を書くことによって，自分の思いを明確に伝えようとした姿がうかがえる。これらから，評価規準を満たしていると判断し，「おおむね満足できる」状況（B）と評価した。

　なお，自らの創作に他の生徒からのコメントを生かし，語彙を工夫したり文章のリズムを調整したり，体言止めや対句，倒置法などの技法を取り入れたりしている姿に加え，他の生徒の作品に対して適切にコメントを提示している姿が見られる場合，「十分満足できる」状況（A）と判断した。

　※　学校のICT環境によっては，ファイル共有の機能を用いた文書ファイルを使って，コメントを付け合う活動ができる。これによって，**図3**のように，一つのファイルに何人もの生徒が同時にアクセスすることが可能となる。そのため，他の生徒が付けたコメントを参考にしながら，内容が重ならないように異なる部分にコメントを付けたり，別の生徒のコメントに返信をして意見交換を図ったりするなどの言語活動を，短い時間の間に行うことができる。また，コメントが停滞している場合など，必要に応じて教師もコメントを付けてアドバイスを加えることもできる。

≪図3≫

第1グループ クラウド共有ファイル
★アクセス中　Ⓔ Ⓕ Ⓖ Ⓗ

【生徒Eの文書ファイルの記述の一部】

夏の香り
　夏の漢詩「山亭ノ夏日」の「水精の
簾　動きて　微風起こり」を読んで思
ったこと。窓際で涼んでいるとき、夏
のなま暖かい風と共に揺れる、緑の
木々とベランダのすだれ。僕は、あの
風の暖かさと揺れるすだれが好きだか
ら、そんな日々を思い出させてくれる
この漢詩がとても好きだ。また、「満
架ノ薔薇一院香シ」では、薔薇の香り
がなま暖かい風と共に吹くのを想像す
ると、とても心が踊る。・・・・・

Ⓕ
2021/05/21
生徒F

余韻を持たせるような
書き方ができないか。

Ⓖ
2021/05/21
生徒G

「窓際で涼んでいると
き…」の文に違和感が
あるなあ。

Ⓗ
2021/05/21
生徒H

理由を書いてもいいか
も。

コメントを受けて書き直した散文

夏の香り
　夏の漢詩の「水精の簾　動きて
微風起こり」という部分を読んで，
こんなことを思い出した。窓際で
涼んでいるときに見える，夏のな
ま暖かい風と共に揺れる，緑の
木々とベランダのすだれ。僕は，
あの風の暖かさと揺れるすだれが
好きだ。何となく心が躍るからだ。
そして，そんなある夏の日を思い
出させてくれるこの漢詩がとても
好きだ。・・・・・

（3）〔主体的に学習に取り組む態度〕の評価

　〔主体的に学習に取り組む態度〕①の「学習の見通しをもって，散文（随筆・物語等）を書くこ
とを通して，自分の体験や思いが効果的に伝わるよう，粘り強く表現の仕方等を工夫しようとして
いる」状況を，「散文を完成させる過程で，相互評価で得たコメントを取り入れるなど自らの表現
を繰り返し練ろうとしたかどうかについて振り返り，アンケート機能を用いて入力している」姿
（「おおむね満足できる」状況（B））と捉え，第3次に評価した。

　評価に当たっては，相互評価におけるコメントの指摘を受け，諦めることなく試行錯誤を繰り返
し，学習課題に沿って書き直しをしている姿，若しくは推敲の上，書き直しをしないと判断した姿
などをみることとした。そのため，コメントで指摘を受けた部分を生徒自身が取捨選択し，工夫し
て書き直しに生かすことができたかどうかを振り返りのアンケート機能の記述から確認する。

　本事例では，第1次では，「和歌や俳句，漢詩等の作品から季節感を表す表現や語句等を抜き出
しアンケート機能を用いて入力するとともに，抜き出した表現や語句等と関連が深い，同じ季節の
他の表現や語句等を生徒自ら考えて入力する活動」，第2次では，「季節感を表す表現や語句等を
参考にして，自分の体験や思いが効果的に伝わるよう散文を書く活動」，加えて，「書いた散文を
相互評価し，改善点等を指摘するコメントを付す活動」，さらに，「相互評価で指摘されたコメン
トを踏まえて，必要に応じて書き直す活動」をそれぞれ設定している。なお，第3次では，「自分
の体験や思いが効果的に伝わる散文を書くために，コメントを受けて，どのように表現の仕方を工
夫したのかなど，振り返りのアンケート機能を用いて書き示す活動」を設定している。

　以上を踏まえ，振り返りのアンケート機能には次の設問を設けた。

第3編
事例4

① どのように構想して書き始めましたか。また、工夫した点は何ですか。
② 他の人のコメントがきっかけになって書き直したところはありますか。
（ア）書き直したところがある人は、どのような指摘を受けて、どのように書き直したかを説明してください。
（イ）書き直したところがない人は、どのような指摘を受け、どうして書き直さなかったのかを説明してください。
（ウ）他の人の文章を読んだことが書き直すきっかけとなった場合、どういうところを参考にして、どのように書き直したのかを説明してください。
③ 自分の体験や思いが効果的に伝わるよう、表現の仕方をどのように工夫しましたか。

　例えば、生徒 I は、【生徒 I の振り返りの内容】のように回答している。生徒 I は、③において、最初に散文を書く活動の段階では「できるだけ短く区切って文を書くように心掛けました」と回答しているとおり、表現の仕方を工夫しようとしている姿がうかがえる。加えて、コメントの指摘を受けて、「一文を短くするだけでなく、体言止めなどを使って」書き直したと自己分析している。こうした振り返りから、自らの学習の調整をするとともに粘り強く書き直したと判断することができる。これらのことから、評価規準を満たしていると判断し、「おおむね満足できる」状況（B）と評価した。

【生徒 I の振り返りの内容】

① 好きな季節について書こうと思いました。工夫した点としては、その季節にできる好きなことを書いた点。できるだけ短い文で書くように心がけました。
②（ア）文がねじれているという指摘を受け、修正しました。読んでみると、やはりおかしい気がしたので、長い文を分けて、一文を短くしました。読みやすさにつながったと思います。
（イ）段落のことについて指摘を受けました。私としては、内容が変わるわけではなく段落を変える必要がないと判断して、書き直しをしませんでした。
（ウ）とても分かりやすく書いている文章を読みました。読み手を意識して、複雑ではない文章を書けば分かりやすくなるのかと思い、修正を加えました。
③ できるだけ短く区切って文を書くように心がけました。ただ、他の人からのコメントで、余韻を残すような工夫があってもいいと指摘があり、一文を短くするだけでなく、体言止めなどを使って書くようにしました。

　一方、生徒 J は、【生徒 J の振り返りの内容の一部】に見られるとおり、書き直しが必要だということを自覚しており、自らの学習を調整しようとしたことがうかがえる。しかし、自らの作品に具体的にどのような課題があると認識したのか、それを受けてどのように書き直したのか、粘り強く取り組めたのかなどが、この記述からでは分からないことから、「努力を要する」状況（C）と評価した。生徒 J に対しては、B を実現するための具体的な手立てとして、個別に聞き取りを行い、学習過程を言語化させた。加えて、今後の学習の際には自らの学習過程を客観的に振り返り、振り返った内容を詳細に記述するよう助言した。

【生徒 J の振り返りの内容の一部】（下線部：生徒の記述）

②（ウ）他の人の文章を読んだことが書き直すきっかけとなった場合、どういうところを参考にして、どのように書き直したのかを説明してください。
<u>自分の書き方が、課題に沿っていないと思ったから。</u>

国語科　　事例5（言語文化）

キーワード　「知識・技能」の評価，評価方法の工夫（ペーパーテスト，レポート）

単元名	内容のまとまり
古典作品に描かれた多様な人間関係を現代につなげて考えよう	〔知識及び技能〕(2)我が国の言語文化に関する事項 〔思考力，判断力，表現力等〕「B読むこと」

《授業例》

1　単元の目標

(1) 古典の世界に親しむために，古典を読むために必要な文語のきまりや訓読のきまり，古典特有の表現などについて理解することができる。　　　　　　　　　　　〔知識及び技能〕(2)ウ

(2) 作品の内容や解釈を踏まえ，自分のものの見方，感じ方，考え方を深め，我が国の言語文化について自分の考えをもつことができる。　　　　　〔思考力，判断力，表現力等〕B(1)オ

(3) 言葉がもつ価値への認識を深めるとともに，生涯にわたって読書に親しみ自己を向上させ，我が国の言語文化の担い手としての自覚をもち，言葉を通して他者や社会に関わろうとする。

「学びに向かう力，人間性等」

2　本単元における言語活動

　古典作品に描かれた登場人物の人間関係について話し合う。

（関連：〔思考力，判断力，表現力等〕B(2)イ）

3　単元の評価規準

知識・技能	思考・判断・表現	主体的に学習に取り組む態度
①古典の世界に親しむために，古典を読むために必要な文語のきまりや訓読のきまり，古典特有の表現などについて理解している。（(2)ウ）	①「読むこと」において，作品の内容や解釈を踏まえ，自分のものの見方，感じ方，考え方を深め，我が国の言語文化について自分の考えをもっている。（B(1)オ）	①学習の見通しをもって，作品に描かれた人間関係について話し合うことを通して，進んで，自分のものの見方，感じ方，考え方を深め，我が国の言語文化について自分の考えをもとうとしている。

4　指導と評価の計画（全4単位時間想定）

次	主たる学習活動	評価する内容	評価の方法
1	○　単元の目標や進め方を確認し，「古典の世界に描かれている人間関係に学ぶ」という学習の見通しをもつ。 ○　これまで読んだ本や授業で扱った作品，鑑賞した映画などに描かれた人間関係を想起し，心に残っているものや感じたものを紹介し合う。 ○　複数の人物の関係が印象的に描かれている古典の作品について文語のきまりや訓読のきまり，古典特有の表現などに注意しながら内容を把握する。	［知識・技能］①	「記述の分析」

第3編
事例5

－ 77 －

次			
	○ それぞれの作品において印象に残った表現や場面を理由とともにノートに記述する。		
2	○ 登場人物に関する叙述を基に,それぞれの人物の描かれ方や特徴,描かれている人間関係について個人でノートにまとめる。 ○ 同じ作品を取り上げたクラスメイト同士で,登場人物がどのような人間関係の中で生きているかを話し合い,作品等に表された人間関係が現代の生活に示唆するものについてグループでワークシートにまとめる。 ○ 作品における登場人物の人間関係に基づき,それを象徴的に表すキャッチフレーズをグループで作成する。	([思考・判断・表現]①)	(「行動の観察」,「記述の分析」)
3	○ 人間関係についての説明を行うとともに,キャッチフレーズを発表し合う。		
4	○ 「古典作品における人間関係を,自分たちの人間関係と比較し,古典を読む意義について考えよう」という課題についてレポートにまとめる。 ○ レポートの「振り返り」欄に単元を通して得た学びなどについて記述する。	[主体的に学習に取り組む態度]① [思考・判断・表現]①	「記述の確認」 「記述の分析」

【単元の流れ】

次	学習活動	指導上の留意点	評価規準・評価方法等
1	○ 単元の目標や進め方を把握するとともに,「古典の世界に描かれている人間関係に学ぶ」という学習課題を確認し,学習の見通しをもつ。 ○ これまで読んだ本や授業で扱った作品,鑑賞した映画などに描かれた人間関係を想起し,心に残っているものや感じたものを紹介し合う。 ○ 複数の人物の関係が印象的に描かれている作品(「竹取物語」,「平家物語〜木曽の最期〜」,「推敲」など)を複数取り上げ,文語のきまりや訓読のきまり,古典特有の表現などに注意しながら,本文の設定や話の展開を把握する。 ○ それぞれの作品において印象に残った表現や場面を理由とともにノートに記述する。	・古典の世界に描かれている人間関係を学ぶと,現代を生きる自分たちにどのような示唆が得られるかという関心を喚起する。 ・自身の生き方に影響を与えた出来事や言葉,書物などについて考えるよう促す。 ・人物相互の人間関係を把握するために必要な語句の意味,文語のきまりや訓読のきまりを確認する。 ・必要に応じて,文脈上の意味や待遇表現(敬語表現)などにも注意しながら,内容を捉えるよう促す。 ・現代語訳を適宜取り入れ,生徒が古典に抵抗感を抱かないよう配慮する。 ・作品によっては,和漢混交文や漢文の特徴を捉え,リズムを味わうことができるように配慮する。	[知識・技能]① 「記述の分析」ペーパーテスト ・人物相互の人間関係を把握するために必要な文語のきまりや訓読のきまり,古典特有の表現などについて理解しているかをペーパーテストで分析する。

第3編
事例5

2	○ 作品を一つ取り上げ，登場人物に関する叙述を基に，それぞれの人物の描かれ方や特徴，描かれている人間関係について，個人でノートにまとめる。 ○ 同じ作品を取り上げたクラスメイト同士で，個人でまとめた内容を基に，登場人物がどのような人間関係の中で生きているのかについて話し合い，ワークシートにまとめる。 ○ 作品に描かれている人間関係と，現代の社会の人間関係とを比較し，共通点や相違点などについてグループで話し合い，ワークシートにまとめる。 ○ 作品における登場人物の人間関係に基づき，それを象徴的に表すキャッチフレーズをグループで作成する。	・授業で扱った登場人物の人間関係が描かれた作品の中から，グループで取り上げる作品を決める。 ・登場人物の人間関係を適切に把握するためには，どのような点に注意して作品を読む必要があるのかについて，個人で考えさせる。 ・必要に応じて，会話や動作に用いられている待遇表現（敬語表現）などに着目することが人間関係を把握するための重要な方法の一つであることを示唆する。 ・話合い活動において，グループ内の全員が自分の考えを述べる場面を設定するとともに，他者の意見への質疑応答の場面を設定する。 ・教師からキャッチフレーズのモデルを示す。	（[思考・判断・表現]① 「行動の観察」話合い，「記述の分析」ワークシート ・人物相互の人間関係について，個人で気付いた内容を基にグループで話し合い，それを踏まえて考えを深めているかを分析する。） ※最終的には，第4次に総括的に評価する。
3	○ グループごとに，人間関係についての説明を行うとともに，キャッチフレーズをクラス全体の前で発表し，質問をしたり意見を交換したりする。	・他のグループの発表に対して，質問をしたり意見交流したりするように促す。	
4	○ 「古典作品における人間関係を，自分たちの人間関係と比較し，古典を読む意義について考えよう」という課題についてレポートをまとめる。 ○ レポートの「振り返り」欄に単元を通して得た学びなどについて記述する。	・作品や学習活動から学んだことや，まだ疑問に思っていることを整理するように指導する。 ・毎時の振り返りシートを確認して考えをまとめるように指導するとともに，項目を示して，学びの深まりを自覚できるよう配慮する。	[主体的に学習に取り組む態度]① 「記述の確認」振り返りシート ・毎時の振り返りシートにより，作品に描かれた人間関係と身の回りの人間関係について比較し，自分のものの見方,感じ方,考え方を深め，我が国の言語文化についての考えをもとうとしているかを確認する。 [思考・判断・表現]① 「記述の分析」レポート（またはペーパーテスト） ・人物相互の人間関係について，個人で気付いた内容を基にグループで話し合い，それを踏まえて考えを深めているかを分析する。

第3編
事例5

《本授業例における評価の実際》

5 観点別学習状況の評価の進め方

　共通必履修科目「言語文化」の「内容」の〔思考力，判断力，表現力等〕「B読むこと」の古典に関する指導については，「内容の取扱い」(1)イに「40〜45 単位時間程度を配当するものとし，計画的に指導すること」と示されている。このことを踏まえ，本事例では，「B読むこと」に関する資質・能力を目標として掲げ，「A書くこと」に関する指導とは区別し，あくまでも「B読むこと」の単元のまとまりの中でその育成を重点的に図る指導と評価の計画を示している。本事例では，特に「知識・技能」の評価，評価方法の工夫について詳細に説明する。

（1）［知識・技能］の評価

　［知識・技能］①の「古典の世界に親しむために，古典を読むために必要な文語のきまりや訓読のきまり，古典特有の表現などについて理解している」状況を，「人物相互の人間関係を把握するために必要な文語のきまりや訓読のきまり，古典特有の表現などについて理解している」姿（「おおむね満足できる」状況（B））と捉え，第1次に評価した。

　「文語のきまりや訓読のきまり，古典特有の表現など」を理解する学習は，暗記による知識の習得に偏ることが懸念されるため，「古典の世界に親しむため，古典を読むために必要な」ものに限定する必要がある。『高等学校学習指導要領(平成 30 年告示) 解説国語編』（119 ページ）にも，「文語のきまりや訓読のきまり，古典特有の表現などを断片的な知識として理解することのみが目的とならないよう，原文に加え，内容の取扱いの(4)のイに示しているとおり，理解しやすいように教材を工夫したり，指導の方法を工夫したりする必要がある」と示されている。

　本事例では，生徒にとって身近で，時には深刻な問題である「人間関係」を学習課題として取り上げ，古典作品に描かれた象徴的な人間関係を読み味わうための言語活動を通して，文語のきまりや訓読のきまり，古典特有の表現などを理解することができるよう配慮した。

　評価に当たっては，授業中の小テストも行ったが，それらは直接の評価材料とはせず，【単元テストの問題の一部①】のように，単元終了後に，授業で取り上げた作品とは異なる作品の一部（ただし，ここでは，作品自体については義務教育でも学習したもの）を問題文としたペーパーテストを用いて，身に付けた文語のきまりや訓読のきまり，古典特有の表現などに関する「知識及び技能」が別の文章を読む際にも生きて働くものとなっているかをみることとした。これまで定期考査等のペーパーテストによる評価においては，指導の時期と評価の時期が離れてしまったり，断片的な知識の定着に関する評価にとどまったりするなどの課題も指摘されていることから，ねらいを明確にした出題内容や適切な実施時期の検討など，育成された資質・能力を的確に評価しうるペーパーテストの開発が求められる。本事例では，文語のきまりや訓読のきまりを学習することに対する抵抗感が高まらないよう，内容の把握や解釈とのつながりを重視した出題と評価を行った。

【単元テストの問題の一部①】　（※問題文は授業で取り上げていないもの）

■次の『枕草子』の一節を読んで、後の問いに答えなさい。

　雪のいと高く降りたるを、例ならず御格子*まゐらせて、炭櫃*に火おこして、物語などしてあつまり候ふに、「少納言よ、香炉峰*の雪はいかならむ」と仰せらるれば、御格子上げさせて、御簾を高く上げたれば、笑はせたまふ。人々も、「さる事は知り、歌などにさへうたへど、思ひこそよらざりつれ。なほ、この宮の人にはさるべきなめり。」と言ふ。

（『枕草子』第二七八段より）

*御格子まゐらせて…御格子をおろし申し上げて。
*炭櫃…いろり、角火鉢。
*香炉峰の雪…『白氏文集』にある「香炉峰の雪は簾をかかげてみる」の詩句に拠った表現。
*思ひこそよらざりつれ…思いつきもしなかった。

問一　本文から、清少納言と中宮定子や、「人々」はどのような人間関係にあると考えられるか。それぞれの動作や様子などを表す表現を具体的に挙げながら説明しなさい。

問二　（略）

（※学習者の状況に応じ、語釈や口語訳を適宜添えることとする）

　例えば、生徒Eは、【生徒Eの解答】のように、清少納言にとって、中宮定子との人間関係と「人々」との人間関係との違いを捉えているが、その根拠として、本文の尊敬語に着目し、動作主である中宮定子の立場が高められていること、「人々」の動作には敬語が用いられていないことをそれぞれ指摘している。また、身分に基づく人間関係とともに、その場にいる定子や清少納言、「人々」の間に互いに穏和な人間関係があることを捉えているが、「炭櫃に火おこして」や「物語などして」などの表現をその根拠として挙げている。さらに、この場における「人々」の清少納言に対する見方についても、「なほ」、「さるべきなめり」といった表現を根拠として指摘している。これらから、評価規準を満たしていると判断し、「おおむね満足できる」状況（B）と評価した。

【生徒Eの解答】

　中宮定子の動作に「仰せらるれば」、「笑はせたまふ」と尊敬語が重ねて用いられていることから、中宮定子は極めて身分が高く、清少納言にとっては敬意を払う存在であることが読み取れる。また、「人々」の動作については敬語が用いられていないことから、清少納言にとっては気を遣う必要のない同じような立場の存在であることが読み取れる。一方で、このような身分の差はあるが、「炭櫃に火おこして」、「物語などして」（歓談などをして）などの様子や、定子の「笑はせたまふ」という動作から、中宮定子や、清少納言、「人々」のくつろいだのびやかな関わりが読み取れる。その一方で、「なほ、この宮の人にはさるべきなめり」（やはりこの宮様にお仕えする人には、うってつけの人であるようだ）から、清少納言はここでは「人々」から一目置かれた存在と見られていることが読み取れる。

　一方、生徒Fは、清少納言、中宮定子、「人々」の身分の違いについては指摘できていたが、【生徒Fの解答の一部】のように、独りよがりな解釈によって清少納言と「人々」との人間関係を述べている。根拠に乏しく、登場人物の言動の描かれ方についても十分な言及がなされていないことから、「努力を要する」状況（C）と判断した。Bを実現するための具体的な手立てとして、そのように判断できる十分な根拠を指摘できているかについて再確認させ、清少納言と「人々」との関係について、どのようなことが読み取れるかをあくまでも叙述に基づいて考えるよう助言した。

【生徒Fの解答の一部】

　‥‥‥「なほ、この宮の人にはさるべきなめり」と描かれていることから、中宮定子に気に入られたいと考えている「人々」にとって、清少納言は疎ましい人物であることが読み取れる。

第3編
事例5

（２）［思考・判断・表現］の評価

　　［思考・判断・表現］①の「『読むこと』において，作品の内容や解釈を踏まえ，自分のものの見方，感じ方，考え方を深め，我が国の言語文化について自分の考えをもっている」状況を，「古典作品に描かれた人間関係についての解釈を現代社会に生きる自分たちの人間関係と関係付けながら，古典を読むことの意義について考えている」姿（「おおむね満足できる」状況（Ｂ））と捉え，第２次に行った評価を踏まえ，第４次に総括的に評価することとした。

　　本事例では，個人でまとめた人物の描かれ方の特徴や人間関係を把握するために注目すべきポイントを基に，第２次では，グループでの話合い，ワークシートの作成を通して，多様な視点から古典に描かれた人間関係について考えさせることとした。登場人物同士が生きている人間関係を表すキャッチフレーズを作成させることで，人間関係についての自分のものの見方，感じ方，考え方が深まるよう工夫した。

【生徒Ｇのワークシート】

作品名（　平家物語に　〜木曽の最期〜　）		話合いのメモ
1 人物の描かれ方の特徴は？ （　セリフが多い　）（　装束，武器の説明が詳しい　） （　親戚関係の説明が詳しい　）（　立場が分かる言葉が多い　）	〔個人のノートから〕	文体→会話中心 描写→武器・立場（複数意見）
2 人間関係を把握するために注目すべきポイントは？ （　互いの会話の内容　）（　役職や立場を表す語句　） （　敬語の有無や敬語の種類　）（　会話の様子　）		主従関係（複数意見） 生死をともにする 気弱な木曽と強い今井
3 作品から読み取れる（　木曽殿　）と（　今井四郎　）の関係は？ （　絶対的な主従関係　）（　気弱な主人と頼れる家臣　） （　生きるも死ぬも一緒　）（　生き恥をさらさない　）	〔グループ協議から〕	武士としての生き方
4 現代の人間関係との共通点・相違点 共通点（　名誉にこだわる人間はいつの時代にもいる　） （　散り際の美学を重んじる　） 相違点（　死ぬことは大切ではない　）		名誉が大事 美しい死に方 末代までの恥
《キャッチフレーズに入れたいキーワード》 「武士」・「生死」・「名誉」・「主従」・「命」・「生き様」……		武士，男，死に様
《キャッチフレーズ》 命よりも名誉を重んじる男たち		武士の生き方 恥を残さず 何よりも名誉が大事

第３編
事例５

　　評価に当たっては，第２次における「話合いの観察」及び「ワークシートの記述の確認」に加え，第４次に「レポート（または単元後に行うペーパーテスト）の記述の分析」を行い，複数の評価方

法を組み合わせることで，学習過程を通して，「思考力，判断力，表現力等」を総括的に評価できるよう工夫した。

　第２次における「話合いの観察」については，漫然と観察するのではなく，「本文の叙述を具体的に提示しながら，自分がワークシートに記した人間関係をクラスメイトに説明しているか」，「クラスメイトが説明する人間関係がどのような根拠や考え方に基づくものかを把握しながら，ワークシートやノートに記録しているか」，「それぞれの考えを比較し，共通点や相違点を明らかにしながらグループとして提案すべきキャッチフレーズを導いているか」などの点から評価することとし，生徒にも事前にこうした点を示した。評価の際には，観察メモに記録したり，場面を定めて動画として記録したりした。また，「ワークシートの記述の確認」に当たっては，「話合いの観察」との整合を図るために「話合いのメモ」欄を設けるとともに，古典に描かれた人間関係についての解釈を現代社会に生きる自分たちの人間関係と関係付けることができるよう，最終的にキャッチフレーズとして端的にまとめる過程を重視したワークシートを用いた。

　例えば，生徒Ｇは，【生徒Ｇのワークシート】から，「会話中心」，「武器・立場の説明が詳しい」など，話合いで共通理解した人物の描かれ方の特徴を，事前に個人でも捉えていたことが分かる。また，話合いの観察メモや動画記録から，生徒Ｇは，事前にワークシートに記録していた，人物相互の人間関係を把握するには敬語表現などが重要であることをクラスメイトに説明していた。これらのことは，その後，「主従関係」，「生死をともにする」などグループ協議で挙げられた人間関係の特徴にも生かされており，生徒Ｇの捉えた人間関係が，グループとしてまとめたキャッチフレーズとも整合していることがうかがえる。これらから，評価規準の一部（「作品の内容や解釈を踏まえ，自分のものの見方，感じ方，考え方を深め」ている）を満たしていると判断し，「おおむね満足できる」状況（Ｂ）と評価する候補とした。

【生徒Ｇのレポートの記述】

> 　古典の世界では，今の私たちの生活では存在しない「身分の違い」が人間関係の土台となっています。だからこそ，作品の中には敬語が数多く用いられ，その用いられ方によって動作主が誰であるか，身分がどれほど高いのかなどを把握することができます。
> 　人間関係には，恋愛関係や友人関係，主従関係や師弟関係など様々なものがあり，私たちが生きる現代社会においても，古典の世界と同じように多様な人間関係が存在しています。私たちは，先生に話しかける際，友達に話しかけるのとは違って敬語を使います。部活動の先輩と話をするときも敬語を使うのが当然で，タメ口は叱られます。古典作品からも分かるように，我々日本人は昔から相手の立場に合わせて相手を敬う言葉遣いを重視して人間関係を築いてきました。その点では，私たちが使っている敬語そのものが時代を越えて受け継がれているものと言えます。
> 　<u>我が国では，古典でも，現代語でも当たり前に敬語が使われていますが，外国の言語ではどうなのでしょうか。機会があれば，外国語での敬語についても調べてみたいと思います。外国語と日本語を比較することで，日本語の特徴について改めて考えてみたいと思います。このような視点をもてるのも古典を読む意義の一つだと私は考えます。</u>

　さらに，第４次では，単元中で蓄積した評価記録を踏まえた上で，古典を読むことの意義について考えているかどうかを評価するために，レポート（または単元後に行うペーパーテスト）に，古典を読むことの意義に関する問いを設けた。レポートでは，単元の学習を踏まえ，「古典作品における人間関係を，自分たちの人間関係と比較し，古典を読む意義について考えよう」という課題についてまとめさせた。【生徒Ｇのレポートの記述】は，待遇表現に注目して古典作品を読むことで，登場人物の立場や人間関係を把握する手がかりになることを述べており，我が国の言語文化として

の待遇表現が現在の自分たちの日常生活にも受け継がれていることを指摘している。その上で外国の言語との違いにも目を向け，日本語の特徴を捉えようとしており，「このような視点をもてるのも古典を読む意義の一つだ」と結んでいる（下線部）。これらから，第2次までの，評価規準の一部（「作品の内容や解釈を踏まえ，自分のものの見方，感じ方，考え方を深め」ている）を満たしている状況だけでなく，評価規準の全て（「……我が国の言語文化について自分の考えをもっている」）を満たしていると総括的に判断し，「おおむね満足できる」状況（B）と評価した。

　また，レポートの代わりに，単元後のペーパーテスト（単元テストなど）によって評価を行う場合も考えられる。

【単元テストの問題の一部②】（※前掲の【単元テストの問題の一部①】に続く設問として）

> 問〇　この文章に描かれた人間関係について，次の1〜3の問いに答えなさい。
> 1：この文章に描かれた人間関係を「〇〇〇宮廷女性たち」というキャッチフレーズで示しなさい。
> 2：1で示したキャッチフレーズの根拠となる本文の描写を示し，その部分から読み取った人間関係を説明しなさい。
> 3：2で説明した人間関係と，現代社会に生きる自分たちの人間関係とを比べながら，古典を読む意義についての自分の考えを書きなさい。

【生徒Hの解答】

> 1：とっさの教養クイズを楽しむ宮廷女性たち
> 2：中宮定子は外の雪の風景が見たくて清少納言に謎かけをしている。すると清少納言は定子の発言の意図に気付いて機転の利いた対応をし，「人々」は清少納言を「さるべきなめり」と評価している。こうした様子からは厳しい上下関係や不愉快な人間関係は感じられず，身分関係を踏まえながらも穏やかな日常に小さな驚きや変化のある出来事を楽しんでいる関係が読み取れる。
> 3：この話と同じように，私たちの生活でも，親しい相手に突然クイズを出して相手を驚かせながらも楽しみ合うことがある。古典の世界では，深い教養が話題になっていて，しかも，この話では，言葉ではなく，清少納言が動作で応じた点から，さらに教養の奥深さや季節の趣を理解することができた。ここまでの理解は，古典を読んでからこそ得られると思った。

　例えば，生徒Gと同様に，第2次に，評価規準の一部（「作品の内容や解釈を踏まえ，自分のものの見方，感じ方，考え方を深め」ている）を満たしていると判断し，「おおむね満足できる」状況（B）と評価する候補とした生徒Hについては，【単元テストの問題の一部②】に対する【生徒Hの解答】から，中宮定子の謎かけに対して清少納言が機転の利いた対応をしたことを踏まえ，古典を読む意義について考えていることが分かる。このことから，評価規準の全てを満たしていると総括的に判断し，「おおむね満足できる」状況（B）と評価した。

（3）［主体的に学習に取り組む態度］の評価

　［主体的に学習に取り組む態度］①については，「学習の見通しをもって，作品に描かれた人間関係について話し合うことを通して，進んで，自分のものの見方，感じ方，考え方を深め，我が国の言語文化について自分の考えをもとうとしている」状況を，「作品に描かれた人間関係と，現代社会に生きる自分たちの人間関係を関係付け，多様な視点から試行錯誤しながら自分の考えを見つめ直そうとしている」姿（「おおむね満足できる」状況（B））と捉えて，毎時の振り返りシートの記述を確認することによって評価した。その際，振り返りシートには，「本単元の学習で身に付いた力や新たに気付いたこと」，「本単元の学習課題を解決するために試行錯誤したこと」，「本単元で学習したことで，今後の学習や生活に向けて生かそうと考えたこと」などの観点を示した。

第3編
事例5

国語科　　事例6（言語文化）

キーワード　「思考・判断・表現」の評価，複数の材料や方法による評価

単元名
近代以降の文学作品をその原作と読み比べ，作品の特徴について考えよう

内容のまとまり
〔知識及び技能〕(1)言葉の特徴や使い方に関する事項 〔思考力，判断力，表現力等〕「B読むこと」

《授業例》

1　単元の目標

(1) 言葉には，文化の継承，発展，創造を支える働きがあることを理解することができる。
　　　　　　　　　　　　　　　　　　　　　　　　　　〔知識及び技能〕(1)ア

(2) 作品や文章の成立した背景や他の作品などとの関係を踏まえ，内容の解釈を深めることができる。　　　　　　　　　　　　　　　　〔思考力，判断力，表現力等〕B(1)エ

(3) 作品の内容や解釈を踏まえ，自分のものの見方，感じ方，考え方を深め，我が国の言語文化について自分の考えをもつことができる。　　　〔思考力，判断力，表現力等〕B(1)オ

(4) 言葉がもつ価値への認識を深めるとともに，生涯にわたって読書に親しみ自己を向上させ，我が国の言語文化の担い手としての自覚をもち，言葉を通して他者や社会に関わろうとする。
　　　　　　　　　　　　　　　　　　　　　　　　　　「学びに向かう力，人間性等」

2　本単元における言語活動

　近代以降の文学作品をその原作と読み比べ，作品の特徴について発表したり改作について論じたりする。　　　　　　　　　　　　　（関連：〔思考力，判断力，表現力等〕B(2)ウ）

3　単元の評価規準

知識・技能	思考・判断・表現	主体的に学習に取り組む態度
①言葉には，文化の継承，発展，創造を支える働きがあることを理解している。（(1)ア）	①「読むこと」において，作品や文章の成立した背景や他の作品などとの関係を踏まえ，内容の解釈を深めている。（B(1)エ） ②「読むこと」において，作品の内容や解釈を踏まえ，自分のものの見方，感じ方，考え方を深め，我が国の言語文化について自分の考えをもっている。（B(1)オ）	①作品とその原作との読み比べを通して，積極的に，自分のものの見方，感じ方，考え方を深め，我が国の言語文化について自分の考えをもつ中で，自らの学習を調整しようとしている。

4　指導と評価の計画（全6単位時間想定）

次	主たる学習活動	評価する内容	評価方法
1	○ 単元の目標や進め方を確認し，学習の見通しをもつ。 ○ ジャンルを問わず，原作のある様々な作品を想起	［知識・技能］①	「記述の点検」

第3編
事例6

	し，原作との共通点や相違点，改変の意図があること などに気付く。 ○ 近代以降の文学作品を通読し，「初読の感想」を記 述する。 ○ 原作を読み，作品との共通点を中心に，両作品の関 係について考えたことをノートに記述する。		
2	○ 原作と作品とを比較し，相違点や新たに付け加えら れた点の指摘を通して，表現効果などについて考えた ことをワークシートにまとめる。 ○ 原作と作品との比較を通して，作品の特徴や考えら れる書き手の意図などについて考え，発表する。	［思考・判断・表現］①	「記述の点検」
3	○ 原作の改変による作品の創作において，原作を素材 に選ぶ意図と効果などについての自分の考えをもち， ノートにまとめる。 ○ 振り返りシートの記述を確認し，単元全体の学習を 振り返る。	［思考・判断・表現］② ［主体的に学習 に取り組む態 度］①	「記述の分析」 「記述の確認」

【単元の流れ】

次	学習活動	指導上の留意点	評価規準・評価方法等
1	○ 単元の目標や進め方を 確認し，学習の見通しを もつ。 ○ ジャンルを問わず，原 作のある様々な作品を想 起し，原作との共通点や 相違点，改変の意図があ ることなどに気付く。 ○ 近代以降の文学作品で ある芥川龍之介「羅生 門」を通読し，「初読の 印象」を 400 字程度でま とめる。 ○ 「羅生門」の原作とさ れる「今昔物語集」巻二 十九第十八「羅城門の上 層に登りて死人を見たる 盗人のこと」を読み，共 通点を指摘し，両作品の 関係について考えたこと をノートに記述する。	・単一の作品ではなく，原作との関 係を考えることを通して，作品の 解釈がどう深まるかについて意識 させる。 ・原作のある作品について，既習の 作品や，アニメ，ドラマなど多様 な事例を取り上げるようにする。 ・考える観点として，印象に残った 部分や事柄，気付いたこと，考え たこと，疑問に思ったことなどを 提示する。 ・特に原作との相違点に着目させ， 書き手の意図やねらいがあること に気付かせる。 ・「今昔物語集」については，必要 に応じて現代語訳も使用する。 ・両作品の共通点への着目を通し て，「今昔物語集」が「羅生門」 の原作であることが指摘できる根 拠を考えるように促す。	［知識・技能］① 「記述の点検」ノート ・作品と原作とを読み 比べ，両者の共通点 など，改作の根拠が 指摘できているかを 点検する。
2	○ 示された項目例に基づ いて，「今昔物語集」と 「羅生門」とを個人で比 較し，ワークシートに記 入する。	・物語を 4 つの場面（「羅生門の 下」，「はしごの途中」，「楼の 上」，「楼の下」）に区切る。 ・内容を比較するための項目例 （「男の設定」，「羅生門に来た 理由」，「羅生門の上に登ったき っかけ」，「嫗の様子」，「嫗に	

		対する男の心情」，「嫗の言動とそれに対する男の行動」，「結末及び最後の一文」など）を手がかりに活動を具体的に指示する。 ・幾つかのペアに発表させ，主な相違点を全体でも確認する。	
	○ 両作品の相違点を中心に，話し合いながら確認する。		
	○ 書き換えられたり追加されたりした設定や描写について，提示された観点に基づいてグループで検討し，それらの効果について考える。	・書き換えや追加された設定や描写について，教師が提示した観点（「場面設定」，「情景描写」，「下人の設定，描写及び心情」，「老婆の設定，描写」）に基づいて指摘し整理させる。 ・検討の際は，本文の叙述や明確な根拠に基づくよう指示する。	
	○ 書き換えや追加された設定や描写を手がかりに，「羅生門」にどのような特徴が生じたか考察し，グループ別に発表（プレゼンテーション）する。 ○ 発表後，各自でプレゼンテーションシートを修正し，提出する。	・発表の構成は，「タイトル」，「『羅生門』における変更や追加」，「変更や追加による設定または表現上の効果」，「変更や追加によってもたらされた作品の特徴」などとする。 ・グループ内で発表させた後，グループの代表者に全体でも発表させる。 ・最終的に各自の解釈を示したプレゼンテーションシートになるよう修正させる。	[思考・判断・表現] ①「記述の点検」<u>ワークシート，プレゼンテーションシート</u> ・書き換えや追加された設定，描写等を的確に指摘し，その効果を叙述に基づいて考察しているかを点検する。
3	○ 「羅生門」が「今昔物語集」を原作として書かれた理由について，その効果や書き手の意図を含めて考え，ノートにまとめる。	・書き換えや追加がされなかった設定や描写にも注目させることで，改作の効果について考えを深めるよう助言する。 ・本単元で取り上げた両作品だけでなく，第１次で想起させた様々な作品も含め，改作の働きや意義についての自分の考えをまとめるよう促す。	[思考・判断・表現] ②「記述の分析」<u>ペーパーテスト</u> ・作品の解釈を深めるとともに，改作が言語文化の継承と創造にもたらす意義について自分の考えを述べているかを分析する。
	○ 単元を通して得られた学びについて振り返る。	・「初読の感想」や，ノートやワークシート，振り返りシートを確認させ，どのように自らの解釈や作品の捉え方が変化したかについて振り返らせる。	[主体的に学習に取り組む態度] ①「記述の確認」<u>振り返りシート</u> ・積極的に，作品の読み比べを行い，試行錯誤しながら，内容の解釈や改作についての考えを深めようとしているかを確認する。

第3編
事例6

《本授業例における評価の実際》

5 　観点別学習状況の評価の進め方

　共通必履修科目「言語文化」の「内容」の〔思考力，判断力，表現力等〕「Ｂ読むこと」の近代以降の文章に関する指導については，「内容の取扱い」(1)ウに「20 単位時間程度を配当するものとし，計画的に指導すること」と示されている。このことを踏まえ，本事例では，「Ｂ読むこと」に関する資質・能力を目標として掲げ，「Ａ書くこと」に関する指導とは区別し，あくまでも「Ｂ読むこと」の単元のまとまりの中でその育成を重点的に図る指導と評価の計画を示している。本事例では，特に，「思考・判断・表現」の評価，複数の材料や方法による評価について詳細に説明する。

（1）〔知識・技能〕の評価

　〔知識・技能〕①の「言葉には，文化の継承，発展，創造を支える働きがあることを理解している」状況を，「作品と原作とを読み比べ，原作との共通点を指摘するなど改作の特徴について記述している」姿（「おおむね満足できる」状況（Ｂ））と捉え，第１次に評価した。

　「言語文化」における「言葉の働き」について『高等学校学習指導要領（平成 30 年告示）解説国語編』（P. 112）では，「文化の継承，発展，創造には，先人たちの言葉が介在し，前の世代から次の世代へと受け継がれたり新しい価値が生み出されたりしてきた」と示されている。作品と原作との関係について，言葉の表記や仮名遣い，作品の時代背景や人物の設定が異なっていても，それが原作だと指摘できるのは，両作品に通じる文章の構成や展開，表現や内容の共通点を理解しているためである。本事例では，「今昔物語集」が「羅生門」の原作だと指摘できる理由を，両作品の共通点や類似点を捉えながらノートに記述しているかどうかをみた。

　例えば，「原作だと考えられるのは，主人公の男が平安京の羅城門（羅生門）で嫗（老婆）と出会うという舞台設定が類似しているから」，「男が楼の上で老婆と出会い盗みを働くという場面の推移が合致しているから改作したと考えられる」など，両作品の共通点や類似点のうち，人物や舞台の設定，構成や展開など物語の骨格に具体的に言及しながら改作だと主張している生徒については，評価規準を満たしていると判断し，「おおむね満足できる」状況（Ｂ）と評価した。

　一方，「門の楼の上からほのかに炎が見えている」，「老婆が死人の髪を抜いてかつらにしようとしている」，「平安京を舞台にしているから」など，断片的な点のみを取り上げている生徒や，「登場人物やあらすじが似ているから」など具体的に言及していない生徒については，「努力を要する」状況（Ｃ）と判断した。Ｃと評価した生徒に対しては，Ｂを実現するための具体的な手立てとして，断片的な共通点や類似点を有する作品は他にも考えられることを伝え，重要性が高いと考えられる共通点や類似点をできるだけ多く具体的に指摘するよう助言した。

（2）〔思考・判断・表現〕の評価

　〔思考・判断・表現〕①の「『読むこと』において，作品や文章の成立した背景や他の作品などとの関係を踏まえ，内容の解釈を深めている」状況を，「原作から書き換えたり追加されたりした設定，表現等を的確に指摘し，その効果を叙述に基づいて考察している」姿（「おおむね満足できる」状況（Ｂ））と捉え，第２次に評価した。

　二つの作品の相違点を中心に比較し，他の作品などとの関係を踏まえることにより，一つの作品

だけを読むことでは得られない新たな気付きを得，複数の観点から作品を捉え直し，意味付けを行い，内容の解釈を深めることが期待できる。そこで，第2次の学習活動では，改作によって書き換えられたり追加されたりした設定や描写について，ワークシートを用いて指摘させた後，それらの効果について考えさせ，グループでプレゼンテーション（発表）をさせることを通して，改作された作品の特徴に気付き，内容の解釈を深めさせることとした。評価に当たっては，作成されたワークシートと，最終的に提出されたプレゼンテーションシートに記述された内容を点検し，原作である「今昔物語集」から書き換えたり追加されたりした設定や描写等を「羅生門」の叙述を踏まえて的確に指摘した上で，その効果を具体的に考察しているかどうかをみた。

　例えば，生徒Gは，【ワークシートの記述の一部】のように，「今昔物語集」と異なる設定について，登場人物や舞台となる門の呼称，登場人物の置かれた状況などを「羅生門」の叙述に基づいて指摘している。また，「季節，時間帯，天候」といった情景描写が付け加えられていることを取り上げていたり，物語中に「作者」や外来語が登場したりといった，「今昔物語集」には見られない，「羅生門」の独自の特徴について簡潔に表現している。「情景描写」に関して，雨の描写が追加されていることを取り上げ，情景描写が登場人物の心情と関連することを指摘している。しかし，これらだけでは，断片的な気付きの可能性もあるため，評価規準の「内容の解釈を深めている」ことについて判断するには十分とは言えないと考えられる。加えて，生徒Gは，「情景描写」が付け加えられていることに注目して発表を行ったが，最終的に提出した【プレゼンテーションシートの記述の一部】には，「羅生門」で追加された雨の描写が，主人から暇を出された「下人」の行き場のない状況，盗人になるか飢え死にをするかといった追い詰められた心情を効果的に表していることや，楼の上に登っていく「下人」の行動の理由となっていることを指摘し，「羅生門」という作品の特徴として，こうした情景描写が登場人物の心理と行動に深く関わっていることが指摘されている。これらから，評価規準を満たしていると判断し，「おおむね満足できる」状況（B）と評価した。

　一方，例えば，「下人の設定」において，盗人になるか飢え死にをするか迷っている点を的確に指摘していながら，「下人は，本当は盗人なのだが」という異なる情報に基づいて効果について言及しているもの，「雨が降っている」描写が追加されていることに気付きながらも，断片的な気付きにとどまっているため，作品の解釈に影響を与えていることまで指摘できているとは言えないと考えられるものなどについては，「努力を要する」状況（C）と判断した。Cと評価した生徒に対しては，Bを実現するための具体的な手立てとして，自分が記述した内容が作品の叙述に基づいているかどうか確認させるとともに，できるだけ複数の根拠から解釈するよう助言した。

　［思考・判断・表現］②の「『読むこと』において，作品の内容や解釈を踏まえ，自分のものの見方，感じ方，考え方を深め，我が国の言語文化について自分の考えをもっている」状況を，「作品の解釈を深めるとともに，改作が言語文化の継承と創造にもたらす意義について自分の考えを述べている」姿（「おおむね満足できる」状況（B））と捉え，第3次に評価した。

　本事例では，個別の作品や文章について内容の解釈を深めさせることだけでなく，複数の作品の関係を明確にした改作を言語文化の一面として取り上げることによって，我が国の言語文化について自分の考えをもたせることを目指している。このため，学習が進むにつれて，内容の解釈を深め自分の考えをもつことができるよう，各次に，以下のように，作品の解釈や自分の考えについて記

述させる機会を設けている。

第1次	・「羅生門」の「初読の感想」を400字程度でまとめる。 ・「今昔物語集」と「羅生門」の共通点について考えたことをノートに記述する。
第2次	・両作品を比較し，書き換えや追加された設定や描写などを確認し，それらの効果について，考えたことをプレゼンテーションシートに記述する。
第3次	・「羅生門」が「今昔物語集」を原作として書かれた理由について，その効果や書き手の意図を含めて考え，ノートにまとめる。

【ワークシートの記述の一部】 （下線部：生徒Gの記述）

場面	項目	「今昔物語集」	「羅生門」（主として，「今昔物語集」と異なる点）	「羅生門」における特徴的な設定や表現
羅生門の下	人物の設定・羅生門に来た理由	・主人公は「男」 ・場所は「羅城門」 ・摂津国から盗みをしようとして京に来た。 ・人通りが多いため，人がいなくなるまで門の下で待っている。	・主人公は「下人」 ・場所は「羅生門」 ・10年近く働いた奉公先を解雇される。 ・2，3日放浪後，どこにも行くあてがなく羅生門の下に来て石段の上で座っている。	・季節や時間帯，天候に関する描写がなされている。 ・「作者」が登場する。 ・外来語が用いられている。

《情景描写》

変更や追加された設定・描写	考えられる効果
・雨が降っている	・羅生門の不気味な雰囲気を醸し出すとともに，下人の心情に影響を与えている。

タイトル 下人の心情と天候の描写の関係 発表者	1 「羅生門」における改変や追加の指摘 「羅生門」では，天気（雨，雲，風）の描写が付け加えられている。（例）「雨やみを待っている」（○ページ，○行目）
2 変更や追加による効果 　下人が置かれている行き場のない状況や，ふさぎ込んでいる心情を，「雨」や「重たく薄暗い雲」の描写を加えることで表している。……	3 「羅生門」の特徴 　情景描写を追加することで，下人が置かれている状況や心理を際立たせている。また，雨天の設定によって，下人の行動を制限したり，……

【プレゼンテーションシートの記述の一部】

作品の創作に当たって，数ある作品の中から特定の原作を素材としたことには，書き手独自の意図やねらいが存在すると考えられる。書き手が原作に基づいて創作する過程で，物語の展開を書き換えたり設定や描写などを追加したりしている一方で，変更せずにそのまま用いている設定や描写などもある。こうした改作を文化的行為として受け止めさせ，作品の内容の解釈とともに，我が国の言語文化の継承と創造にもたらす意義についての考えを明確にさせようと考えた。

　評価に当たっては，第3次の授業後に，それまでの学習活動を踏まえた上で，ペーパーテストを行って評価した。ペーパーテストでは，「羅生門」の全文を示したが，単なる暗記による知識の再生の確認とならないよう，「羅生門」の個別の語句の確認や部分的な内容の説明に関する問いを設けず，次のような，自分の考えを記述させる問いのみを設けた。

問　原作のある作品について，両作品を比較しながら読むことが，読者にもたらす効果について，以下の条件を踏まえて，×××字程度で記述しなさい。
　　条件1　自分の考える「効果」について，一文で簡潔に述べること。
　　条件2　本単元での学習内容を例示しながら，自分の考えを具体的に述べること。

　例えば，生徒Hは，【ペーパーテストの答案の一部】のように，初読時に抱いた「善」と「悪」について，原作との読み比べから明らかになった羅生門の特徴である「境目」というキーワードを踏まえて，善と悪の境界や人間の心の揺れ動きの危うさという点から作品の考察を深めている。加えて，こうしたことを踏まえ，「『羅生門』独自の設定を追いかけることで，こうした心の『境目』こそがキーポイントになっているのだと気付いた」と述べた上で，改作について，「原作のある作品を，その原作と比較しながら読むことによって，作者が作品を通して伝えたかったメッセージがより明確に読者に伝わったと感じさせる効果がある」という自分の考えを述べている。これらのことから，評価規準を満たしていると判断し，「おおむね満足できる」状況（B）と評価した。

【ペーパーテストの答案の一部】

> （略）今回の授業では，「羅生門」が取り上げられたが，最初，この作品を読んだ時，私は，一人ぼっちの男が善人となり，悪人となり，読んだ後のもやもやした感じを拭えなかった。善悪の判断というものに疑問をもってしまう，そのような印象をもった。原作とされる「今昔物語集」では，主人公である男は最初から盗人として登場する。一方「羅生門」では，主人公は盗人になるか飢え死にをするか決めかねている。そして悪事を働く老婆への反感を抱きながらも結局は老婆の理屈に流されて，盗人になる決心をする。（略）
> 　「羅生門」独自の設定を追いかけることで，こうした心の「境目」こそがキーポイントになっているのだと気付いた。私は，初読の時に善と悪について感じていたので，この境目は，場所の境目というよりは，人間がもつ善悪の境なのだと考えた。下人の心情は，善と悪を行ったり来たりする。しかし，ここで大切なのはその善や悪の中身なのではなく，善から悪に変わる瞬間の人間の心理であり，そういった人間の本性を作者は描きたかったのではないかと考えた。
> 　（略）以上のことから，私は，原作のある作品を，その原作と比較しながら読むことによって，作者が作品を通して伝えたかったメッセージがより明確に読者に伝わったと感じさせる効果があると考えた。

　なお，条件2の「本単元での学習内容」にとどまらず，他の事例も挙げながら，「読者にもたらす効果」を明確に記述することができている生徒については，評価規準を満たしている上，その学びに質的な深まりがあったと判断し，「十分満足できる」状況（A）とした。

　一方，「羅生門」の解釈に終始し，改作の効果について言及していないもの，改作について言及しているもの，今回の学習内容を例示として具体的に説明することができていないものなどについては，「努力を要する」状況（C）と判断した。Cと評価した生徒に対しては，Bを実現するための具体的な手立てとして，第3次に記述したノートの内容を確認させ，自分が記述した内容が設問の趣旨に沿っているかなどについて再度考えるよう助言した。

（3）[主体的に学習に取り組む態度]の評価

　[主体的に学習に取り組む態度]①の「作品とその原作との読み比べを通して，積極的に，自分のものの見方，感じ方，考え方を深め，我が国の言語文化について自分の考えをもつ中で，自らの学習を調整しようとしている」状況について，「積極的に，作品の読み比べを行い，試行錯誤しながら，内容の解釈や改作についての考えを深めようとしている」姿（「おおむね満足できる」状況（B））と捉え，第3次に評価した。

　本単元では，毎次，学習活動の振り返りを行い，学習の成果と課題について記述させた。これに

より次の授業に向けて学習の見通しをもち，学習に向き合う自身の変容の記録を促した。

【振り返りシートの一部】

		今日の学習の成果	今日の学習の課題	先生のコメント
第1次	○月○日第○時限	「今昔物語集」と「羅生門」を読んだ。	「羅生門」を読んで，ただ不気味な作品だと思った。	何を学んだのかな？身に付いた具体や学び方に対する課題を記録しよう。
第2次	○月○日第○時限	「羅生門」が「今昔物語集」を軸にして，情景，心理描写を付け加えたり，設定を書き換えたりしていることを学んだ。	下人の心情がコロコロ変わっていたため何を伝えたかったのか分からなかった。ワークシートの取組で，一つのところが分からないとずっと考えてしまい時間内に終わらなかった。時間配分の管理も意識したい。	学んだことや課題が具体的に記録されていますね。次回，解決を試みよう！
	○月○日第○時限	みんなの発表の中で，設定について発表した人から，「羅生門」が，それぞれ対になっており，空間と時間の狭間が意識的に描かれていることを学んだ。	なぜ「羅生門」を描くに当たって，「今昔物語集」を基にしたのかが分からない。他にも作品がある中で，どうして芥川は「今昔」から選んだのだろうか。	「空間と時間の狭間」という発表を聞いてIさんはどう感じましたか？疑問も面白いね！次回考えていこう。
第3次	○月○日第○時限	前の時間で疑問に思っていた，芥川が「今昔物語集」を選んだ理由について考え，境界や狭間を表すのに効果的な場面設定が理由だと考えた。	「鼻」も平安時代の話を基にしていて，芥川が平安時代の説話にこだわった理由が結局分からなかった。他の作品ももう一度読み直して，「羅生門」とどのように違うのか考えてみたい。	
単元終了後		最初分からなかったことも，作品比較をすることで，特徴が浮かび上がることを知った。「羅生門」では下人の心情がコロコロ変わって，それが付け加えられていると気付いたが，それが何のために作者がわざと付け加えられたのかと考えた時に，作者がその描写にある意図を隠しているのではないかと考えた。みんなのプレゼンを聞いて，特に設定について作者がわざと用意した仕掛けについて，自分では全く気付けなかった描写の効果，生き物がそこにいるかいないかで，時間の推移が分かる，とか，本文を注意深く読むことが，作品の深い理解につながると考えた。		原作にない要素をあえて作者が付け加えたことによって，作品の解釈が深まった様子が伺えます。他の作品でもこの視点を大切にしよう！

例えば，生徒Iは，【振り返りシートの一部】において，第1次では，自らの学習の成果と課題を振り返って記述するのではなく，単なる教材の記録や具体性に欠ける感想の記述にとどまっていた。そこで教師もコメントにより自覚を促した。第2次以降は，学習内容に対する疑問の具体化や，自らの学習について試行錯誤している言葉が見られるようになった。さらに全体を通じての振り返りにおいて，「作品を比較することで，特徴が浮かび上がった」と，学習活動として行った二つの作品の読み比べが，第1次では捉えにくかった「羅生門」の内容理解につながったことを指摘している。また，クラスメイトとの学習の交流を通して，「羅生門」の創作意図や表現上の工夫などに注目する姿勢が形成されている。これらのことから，評価規準を満たしていると判断し，「おおむね満足できる」状況（B）と評価した。

一方，学習活動の記録にとどまる記述をしている生徒に対しては，「先生のコメント」欄を通じて，学習を通して得られた省察を記述するよう促したが，最終感想に至るまで，その改善が見られなかった生徒に対しては，「努力を要する」状況（C）と判断した。Cと評価した生徒に対しては，今後の学習において，単元での学習活動を通して，自らの作品の解釈がどのように推移したかなど自分の学習に対する振り返りを行うよう助言を行った。

巻末資料

評価規準，評価方法等の工夫改善に関する調査研究について

令和 2 年 4 月 13 日　国立教育政策研究所長裁定
令和 2 年 6 月 25 日　一　　部　　改　　正

1　趣　　旨

　　学習評価については，中央教育審議会初等中等教育分科会教育課程部会において「児童
生徒の学習評価の在り方について」（平成 31 年 1 月 21 日）の報告がまとめられ，新しい
学習指導要領に対応した，各教科等の評価の観点及び評価の観点に関する考え方が示され
たところである。

　　これを踏まえ，各小学校，中学校及び高等学校における児童生徒の学習の効果的，効率
的な評価に資するため，教科等ごとに，評価規準，評価方法等の工夫改善に関する調査研
究を行う。

2　調査研究事項
（1）評価規準及び当該規準を用いた評価方法に関する参考資料の作成
（2）学校における学習評価に関する取組についての情報収集
（3）上記（1）及び（2）に関連する事項

3　実施方法

　　調査研究に当たっては，教科等ごとに教育委員会関係者，教師及び学識経験者等を協力
者として委嘱し，2 の事項について調査研究を行う。

4　庶　　務

　　この調査研究にかかる庶務は，教育課程研究センターにおいて処理する。

5　実施期間

　　令和 2 年 5 月 1 日～令和 4 年 3 月 31 日
　　令和 3 年 4 月 16 日～令和 4 年 3 月 31 日

巻末
資料

評価規準，評価方法等の工夫改善に関する調査研究協力者（五十音順）

（職名は令和3年4月現在）

（現代の国語）

上月　さやこ	兵庫県教育委員会事務局高校教育課指導主事
齋藤　　祐	中央大学附属中学校・高等学校教諭
佐藤　治郎	神奈川県教育委員会教育局指導部高校教育課指導主事
髙木　展郎	横浜国立大学名誉教授
田中　洋美	椙山女学園高等学校教諭

（言語文化）

沖　奈保子	ドルトン東京学園中等部・高等部教諭
小沢　貴雄	東京都立豊島高等学校主任教諭
柏谷　浩樹	秋田県教育庁高校教育課主任指導主事
野中　　潤	都留文科大学教授
藤森　裕治	文教大学教授

国立教育政策研究所においては，次の関係官が担当した。

大滝　一登	国立教育政策研究所教育課程研究センター研究開発部教育課程調査官

この他，本書編集の全般にわたり，国立教育政策研究所において以下の者が担当した。

鈴木　敏之	国立教育政策研究所教育課程研究センター長	（令和2年7月1日から）
笹井　弘之	国立教育政策研究所教育課程研究センター長	（令和2年6月30日まで）
杉江　達也	国立教育政策研究所教育課程研究センター研究開発部副部長	（令和3年4月1日から）
清水　正樹	国立教育政策研究所教育課程研究センター研究開発部副部長	（令和3年3月31日まで）
新井　敬二	国立教育政策研究所教育課程研究センター研究開発部研究開発課長	（令和3年4月1日から令和3年7月31日まで）
岩城由紀子	国立教育政策研究所教育課程研究センター研究開発部研究開発課長	（令和3年3月31日まで）
間宮　弘介	国立教育政策研究所教育課程研究センター研究開発部研究開発課指導係長	
奥田　正幸	国立教育政策研究所教育課程研究センター研究開発部研究開発課指導係専門職	（令和3年3月31日まで）
髙辻　正明	国立教育政策研究所教育課程研究センター研究開発部教育課程特別調査員	
前山　大樹	国立教育政策研究所教育課程研究センター研究開発部教育課程特別調査員	（令和3年4月1日から）

巻末
資料

学習指導要領等関係資料について

　学習指導要領等の関係資料は以下のとおりです。いずれも，文部科学省や国立教育政策研究所のウェブサイトから閲覧が可能です。スマートフォンなどで閲覧する際は，以下の二次元コードを読み取って，資料に直接アクセスすることが可能です。本書と併せて是非御覧ください。

① 学習指導要領，学習指導要領解説　等
② 中央教育審議会答申「幼稚園，小学校，中学校，高等学校及び特別支援学校の学習指導要領等の改善及び必要な方策等について」(平成 28 年 12 月 21 日)
③ 中央教育審議会初等中等教育分科会教育課程部会報告「児童生徒の学習評価の在り方について」(平成 31 年 1 月 21 日)
④ 小学校，中学校，高等学校及び特別支援学校等における児童生徒の学習評価及び指導要録の改善等について(平成 31 年 3 月 29 日 30 文科初第 1845 号初等中等教育局長通知)
　　　　　　　　　　※各教科等の評価の観点等及びその趣旨や指導要録(参考様式)は，同通知に掲載。
⑤ 学習評価の在り方ハンドブック(小・中学校編)(令和元年 6 月)
⑥ 学習評価の在り方ハンドブック(高等学校編)(令和元年 6 月)
⑦ 平成 29 年改訂の小・中学校学習指導要領に関する Q&A
⑧ 平成 30 年改訂の高等学校学習指導要領に関する Q&A
⑨ 平成 29・30 年改訂の学習指導要領下における学習評価に関する Q&A

① ② ③ ④ ⑤ ⑥ ⑦ ⑧ ⑨

巻末
資料

学習評価の在り方ハンドブック

高等学校編

文部科学省　国立教育政策研究所教育課程研究センター

学習指導要領

学習指導要領とは，国が定めた「教育課程の基準」です。
（学校教育法施行規則第52条，74条，84条及び129条等より）

■学習指導要領の構成
〈高等学校の例〉

前文　第1章　総則
　　　第2章　各学科に共通する各教科
　　　　　第1節　国語
　　　　　第2節　地理歴史
　　　　　第3節　公民
　　　　　第4節　数学
　　　　　第5節　理科
　　　　　第6節　保健体育
　　　　　第7節　芸術
　　　　　第8節　外国語
　　　　　第9節　家庭
　　　　　第10節　情報
　　　　　第11節　理数
　　　第3章　主として専門学科において
　　　　　　　開設される各教科
　　　　　第1節　農業
　　　　　第2節　工業
　　　　　第3節　商業
　　　　　第4節　水産
　　　　　第5節　家庭
　　　　　第6節　看護
　　　　　第7節　情報
　　　　　第8節　福祉
　　　　　第9節　理数
　　　　　第10節　体育
　　　　　第11節　音楽
　　　　　第12節　美術
　　　　　第13節　英語
　　　第4章　総合的な探究の時間
　　　第5章　特別活動

総則は，以下の項目で整理され，全ての教科等に共通する事項が記載されています。
- 第1款　高等学校教育の基本と教育課程の役割
- 第2款　教育課程の編成
- 第3款　教育課程の実施と学習評価
- 第4款　単位の修得及び卒業の認定
- 第5款　生徒の発達の支援
- 第6款　学校運営上の留意事項
- 第7款　道徳教育に関する配慮事項

> 学習評価の実施に当たっての配慮事項

各教科等の目標，内容等が記載されています。
（例）第1節　国語
- 第1款　目標
- 第2款　各科目
- 第3款　各科目にわたる指導計画の作成と内容の取扱い

平成30年改訂学習指導要領の各教科等の目標や内容は，教育課程全体を通して育成を目指す資質・能力の三つの柱に基づいて再整理されています。

ア　何を理解しているか，何ができるか
　　（生きて働く「知識・技能」の習得）
　　※職業に関する教科については，「知識・技術」
イ　理解していること・できることをどう使うか（未知の状況にも対応できる「思考力・判断力・表現力等」の育成）
ウ　どのように社会・世界と関わり，よりよい人生を送るか
　　（学びを人生や社会に生かそうとする「学びに向かう力・人間性等」の涵養）

平成30年改訂「高等学校学習指導要領」より

詳しくは，文部科学省Webページ「学習指導要領のくわしい内容」をご覧ください。
(http://www.mext.go.jp/a_menu/shotou/new-cs/1383986.htm)

学習指導要領解説

学習指導要領解説とは,大綱的な基準である学習指導要領の記述の意味や解釈などの詳細について説明するために,文部科学省が作成したものです。

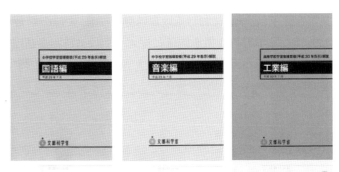

■学習指導要領解説の構成
〈高等学校 国語編の例〉

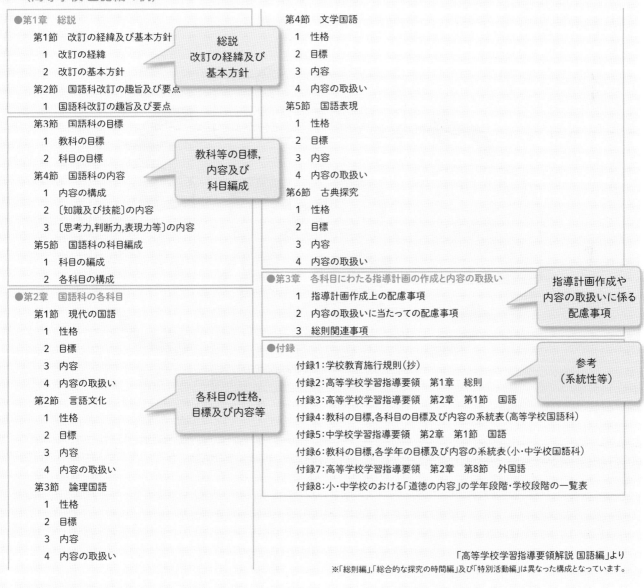

総説
改訂の経緯及び
基本方針

教科等の目標,
内容及び
科目編成

各科目の性格,
目標及び内容等

指導計画作成や
内容の取扱いに係る
配慮事項

参考
(系統性等)

「高等学校学習指導要領解説 国語編」より
※「総則編」,「総合的な探究の時間編」及び「特別活動編」は異なった構成となっています。

➡ 教師は,学習指導要領で定めた資質・能力が,生徒に確実に育成されているかを評価します

学習評価の基本的な考え方

学習評価は，学校における教育活動に関し，生徒の学習状況を評価するものです。「生徒にどういった力が身に付いたか」という学習の成果を的確に捉え，**教師が指導の改善を図る**とともに，**生徒自身が自らの学習を振り返って次の学習に向かうことができるようにする**ためにも，学習評価の在り方は重要であり，教育課程や学習・指導方法の改善と一貫性のある取組を進めることが求められます。

▌カリキュラム・マネジメントの一環としての指導と評価

　各学校は，日々の授業の下で生徒の学習状況を評価し，その結果を生徒の学習や教師による指導の改善や学校全体としての教育課程の改善，校務分掌を含めた組織運営等の改善に生かす中で，学校全体として組織的かつ計画的に教育活動の質の向上を図っています。

　このように，「学習指導」と「学習評価」は学校の教育活動の根幹であり，教育課程に基づいて組織的かつ計画的に教育活動の質の向上を図る「カリキュラム・マネジメント」の中核的な役割を担っています。

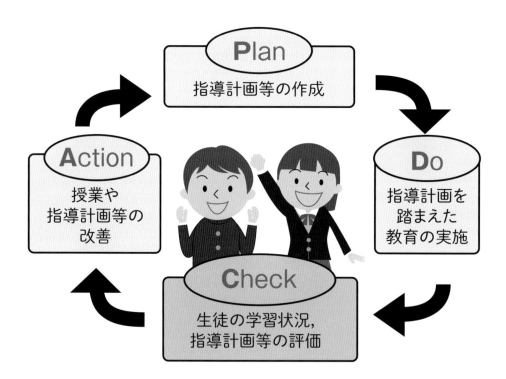

▌主体的・対話的で深い学びの視点からの授業改善と評価

　指導と評価の一体化を図るためには，生徒一人一人の学習の成立を促すための評価という視点を一層重視することによって，教師が自らの指導のねらいに応じて授業の中での生徒の学びを振り返り，学習や指導の改善に生かしていくというサイクルが大切です。平成30年改訂学習指導要領で重視している「主体的・対話的で深い学び」の視点からの授業改善を通して，各教科等における資質・能力を確実に育成する上で，学習評価は重要な役割を担っています。

☑ 教師の指導改善に
つながるものにしていくこと

次の授業では
○○を重点的に
指導しよう。

☑ 生徒の学習改善に
つながるものにしていくこと

☑ これまで慣行として行われてきたことでも,
必要性・妥当性が認められないものは
見直していくこと

○○のところは
もっと〜した方が
よいですね。

詳しくは,平成31年3月29日文部科学省初等中等教育局長通知「小学校,中学校,高等学校及び特別支援学校等における児童生徒の学習評価及び指導要録の改善等について(通知)」をご覧ください。
(http://www.mext.go.jp/b_menu/hakusho/nc/1415169.htm)

 コラム

評価に戸惑う生徒の声

「先生によって観点の重みが違うんです。授業態度をとても重視する先生もいるし,テストだけで判断するという先生もいます。そうすると,どう努力していけばよいのか本当に分かりにくいんです。」(中央教育審議会初等中等教育分科会教育課程部会 児童生徒の学習評価に関するワーキンググループ第7回における高等学校3年生の意見より)

あくまでこれは一部の意見ですが,学習評価に対する生徒のこうした意見には,適切な評価を求める切実な思いが込められています。そのような生徒の声に応えるためにも,教師は,生徒への学習状況のフィードバックや,授業改善に生かすという評価の機能を一層充実させる必要があります。教師と生徒が共に納得する学習評価を行うためには,評価規準を適切に設定し,評価の規準や方法について,教師と生徒及び保護者で共通理解を図るガイダンス的な機能と,生徒の自己評価と教師の評価を結び付けていくカウンセリング的な機能を充実させていくことが重要です。

Column

学習評価の基本構造

平成30年改訂で, 学習指導要領の目標及び内容が資質・能力の三つの柱で再整理されたことを踏まえ, 各教科における観点別学習状況の評価の観点については, 「知識・技能」, 「思考・判断・表現」, 「主体的に学習に取り組む態度」の3観点に整理されています。

「学びに向かう力, 人間性等」には
① 「主体的に学習に取り組む態度」として観点別評価 (学習状況を分析的に捉える) を通じて見取ることができる部分と,
② 観点別評価や評定にはなじまず, こうした評価では示しきれないことから個人内評価を通じて見取る部分があります。

各教科における評価の基本構造

学習指導要領に示す目標や内容	知識及び技能	思考力, 判断力, 表現力等	学びに向かう力, 人間性等

観点別学習状況評価の各観点
● 観点ごとに評価し, 生徒の学習状況を分析的に捉えるもの
● 観点ごとにABCの3段階で評価

知識・技能	思考・判断・表現	感性, 思いやりなど
		主体的に学習に取り組む態度

評定
● 観点別学習状況の評価の結果を総括するもの。
● 5段階で評価

個人内評価
● 観点別学習状況の評価や評定には示しきれない生徒の一人一人のよい点や可能性, 進歩の状況について評価するもの。

各教科等における学習の過程を通した知識及び技能の習得状況について評価を行うとともに, それらを既有の知識及び技能と関連付けたり活用したりする中で, 他の学習や生活の場面でも活用できる程度に概念等を理解したり, 技能を習得したりしているかを評価します。

各教科等の知識及び技能を活用して課題を解決する等のために必要な思考力, 判断力, 表現力等を身に付けているかどうかを評価します。

知識及び技能を獲得したり, 思考力, 判断力, 表現力等を身に付けたりするために, 自らの学習状況を把握し, 学習の進め方について試行錯誤するなど自らの学習を調整しながら, 学ぼうとしているかどうかという意思的な側面を評価します。

個人内評価の対象となるものについては, 生徒が学習したことの意義や価値を実感できるよう, 日々の教育活動等の中で生徒に伝えることが重要です。特に, 「学びに向かう力, 人間性等」のうち「感性や思いやり」など生徒一人一人のよい点や可能性, 進歩の状況などを積極的に評価し生徒に伝えることが重要です。

詳しくは, 平成31年1月21日文部科学省中央教育審議会初等中等教育分科会教育課程部会「児童生徒の学習評価の在り方について (報告)」をご覧ください。
(http://www.mext.go.jp/b_menu/shingi/chukyo/chukyo3/004/gaiyou/1412933.htm)

総合的な探究の時間及び特別活動の評価について

総合的な探究の時間, 特別活動についても, 学習指導要領等で示したそれぞれの目標や特質に応じ, 適切に評価します。

総合的な探究の時間

総合的な探究の時間の評価の観点については, 学習指導要領に示す「第1 目標」を踏まえ, 各学校において具体的に定めた目標, 内容に基づいて, 以下を参考に定めることとしています。

知識・技能	思考・判断・表現	主体的に学習に取り組む態度
探究の過程において, 課題の発見と解決に必要な知識及び技能を身に付け, 課題に関わる概念を形成し, 探究の意義や価値を理解している。	実社会や実生活と自己との関わりから問いを見いだし, 自分で課題を立て, 情報を集め, 整理・分析して, まとめ・表現している。	探究に主体的・協働的に取り組もうとしているとともに, 互いのよさを生かしながら, 新たな価値を創造し, よりよい社会を実現しようとしている。

この3つの観点に則して生徒の学習状況を見取ります。

特別活動

従前, 高等学校等における特別活動において行った生徒の活動の状況については, 主な事実及び所見を文章で記述することとされてきたところ, 文章記述を改め, 各学校が設定した観点を記入した上で, 活動・学校行事ごとに, 評価の観点に照らして十分満足できる活動の状況にあると判断される場合に, ○印を記入することとしています。

評価の観点については, 特別活動の特質と学校の創意工夫を生かすということから, 設置者ではなく, 各学校が評価の観点を定めることとしています。その際, 学習指導要領等に示す特別活動の目標や学校として重点化した内容を踏まえ, 例えば以下のように, 具体的に観点を示すことが考えられます。

特別活動の記録						
内容	観点 　　　　　　　　　　　　　　学年		1	2	3	4
ホームルーム活動	よりよい生活や社会を構築するための知識・技能		○		○	
生徒会活動	集団や社会の形成者としての思考・判断・表現			○		
	主体的に生活や社会, 人間関係をよりよく構築しようとする態度					
学校行事				○	○	

高等学校生徒指導要録(参考様式)様式2の記入例 　(3年生の例)

各学校で定めた観点を記入した上で, 内容ごとに, 十分満足できる状況にあると判断される場合に, ○印を記入します。
　○印をつけた具体的な活動の状況等については, 「総合所見及び指導上参考となる諸事項」の欄に簡潔に記述することで, 評価の根拠を記録に残すことができます。

なお, 特別活動は, ホームルーム担任以外の教師が指導することも多いことから, 評価体制を確立し, 共通理解を図って, 生徒のよさや可能性を多面的・総合的に評価するとともに, 指導の改善に生かすことが求められます。

観点別学習状況の評価について

　観点別学習状況の評価とは, 学習指導要領に示す目標に照らして, その実現状況がどのようなものであるかを, 観点ごとに評価し, 生徒の学習状況を分析的に捉えるものです。

▌「知識・技能」の評価の方法

　　「知識・技能」の評価の考え方は, 従前の評価の観点である「知識・理解」, 「技能」においても重視してきたところです。具体的な評価方法としては, 例えばペーパーテストにおいて, 事実的な知識の習得を問う問題と, 知識の概念的な理解を問う問題とのバランスに配慮するなどの工夫改善を図る等が考えられます。また, 生徒が文章による説明をしたり, 各教科等の内容の特質に応じて, 観察・実験をしたり, 式やグラフで表現したりするなど実際に知識や技能を用いる場面を設けるなど, 多様な方法を適切に取り入れていくこと等も考えられます。

▌「思考・判断・表現」の評価の方法

　　「思考・判断・表現」の評価の考え方は, 従前の評価の観点である「思考・判断・表現」においても重視してきたところです。具体的な評価方法としては, ペーパーテストのみならず, 論述やレポートの作成, 発表, グループでの話合い, 作品の制作や表現等の多様な活動を取り入れたり, それらを集めたポートフォリオを活用したりするなど評価方法を工夫することが考えられます。

▌「主体的に学習に取り組む態度」の評価の方法

　　具体的な評価方法としては, ノートやレポート等における記述, 授業中の発言, 教師による行動観察や, 生徒による自己評価や相互評価等の状況を教師が評価を行う際に考慮する材料の一つとして用いることなどが考えられます。その際, 各教科等の特質に応じて, 生徒の発達の段階や一人一人の個性を十分に考慮しながら, 「知識・技能」や「思考・判断・表現」の観点の状況を踏まえた上で, 評価を行う必要があります。

「主体的に学習に取り組む態度」の評価のイメージ

○「主体的に学習に取り組む態度」の評価については、①知識及び技能を獲得したり、思考力、判断力、表現力等を身に付けたりすることに向けた粘り強い取組を行おうとする側面と、②①の粘り強い取組を行う中で、自らの学習を調整しようとする側面、という二つの側面から評価することが求められる。

○これら①②の姿は実際の教科等の学びの中では別々ではなく相互に関わり合いながら立ち現れるものと考えられる。例えば、自らの学習を全く調整しようとせず粘り強く取り組み続ける姿や、粘り強さが全くない中で自らの学習を調整する姿は一般的ではない。

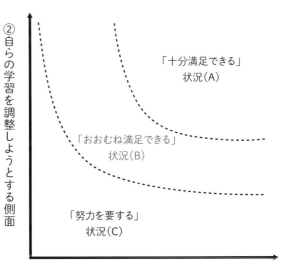

ここでの評価は、その学習の調整が「適切に行われるか」を必ずしも判断するものではなく、学習の調整が知識及び技能の習得などに結びついていない場合には、教師が学習の進め方を適切に指導することが求められます。

「自らの学習を調整しようとする側面」とは…

自らの学習状況を把握し、学習の進め方について試行錯誤するなどの意思的な側面のことです。評価に当たっては、生徒が自らの理解の状況を振り返ることができるような発問の工夫をしたり、自らの考えを記述したり話し合ったりする場面、他者との協働を通じて自らの考えを相対化する場面を、単元や題材などの内容のまとまりの中で設けたりするなど、「主体的・対話的で深い学び」の視点からの授業改善を図る中で、適切に評価できるようにしていくことが重要です。

コラム

「主体的に学習に取り組む態度」は、「関心・意欲・態度」と同じ趣旨ですが…
〜こんなことで評価をしていませんでしたか？〜

平成31年1月21日文部科学省中央教育審議会初等中等教育分科会教育課程部会「児童生徒の学習評価の在り方について（報告）」では、学習評価について指摘されている課題として、「関心・意欲・態度」の観点について「学校や教師の状況によっては、挙手の回数や毎時間ノートを取っているかなど、性格や行動面の傾向が一時的に表出された場面を捉える評価であるような誤解が払拭し切れていない」ということが指摘されました。これを受け、従来から重視されてきた各教科等の学習内容に関心をもつことのみならず、よりよく学ぼうとする意欲をもって学習に取り組む態度を評価するという趣旨が改めて強調されました。

Column

学習評価の充実

学習評価の妥当性, 信頼性を高める工夫の例

- 評価規準や評価方法について,事前に教師同士で検討するなどして明確にすること,評価に関する実践事例を蓄積し共有していくこと,評価結果についての検討を通じて評価に係る教師の力量の向上を図ることなど,学校として組織的かつ計画的に取り組む。
- 学校が生徒や保護者に対し,評価に関する仕組みについて事前に説明したり,評価結果についてより丁寧に説明したりするなど,評価に関する情報をより積極的に提供し生徒や保護者の理解を図る。

評価時期の工夫の例

- 日々の授業の中では生徒の学習状況を把握して指導に生かすことに重点を置きつつ,各教科における「知識・技能」及び「思考・判断・表現」の評価の記録については,原則として単元や題材などのまとまりごとに,それぞれの実現状況が把握できる段階で評価を行う。
- 学習指導要領に定められた各教科等の目標や内容の特質に照らして,複数の単元や題材などにわたって長期的な視点で評価することを可能とする。

学年や学校間の円滑な接続を図る工夫の例

- 「キャリア・パスポート」を活用し,生徒の学びをつなげることができるようにする。
- 入学者選抜の方針や選抜方法の組合せ,調査書の利用方法,学力検査の内容等について見直しを図る。
- 大学入学者選抜において用いられる調査書を見直す際には,観点別学習状況の評価について記載する。
- 大学入学者選抜については,高等学校における指導の在り方の本質的な改善を促し,また,大学教育の質的転換を大きく加速し,高等学校教育・大学教育を通じた改革の好循環をもたらすものとなるような改革を進めることが考えられる。

評価方法の工夫の例

高校生のための学びの基礎診断の認定ツールを活用した例

　高校生のための学びの基礎診断とは，高校段階における生徒の基礎学力の定着度合いを測定する民間の試験等を文部科学省が一定の要件に適合するものとして認定する仕組みで，平成30年度から制度がスタートしています。学習指導要領を踏まえた出題の基本方針に基づく問題設計や，主として思考力・判断力・表現力等を問う問題の出題等が認定基準となっています。受検結果等から，生徒の課題等を把握し，自らの指導や評価の改善につなげることも考えられます。

　詳しくは，文部科学省Webページ「高校生のための学びの基礎診断」をご覧ください。
　(http://www.mext.go.jp/a_menu/shotou/kaikaku/1393878.htm)

評価の方法の共有で働き方改革

　ペーパーテスト等のみにとらわれず，一人一人の学びに着目して評価をすることは，教師の負担が増えることのように感じられるかもしれません。しかし，生徒の学習評価は教育活動の根幹であり，「カリキュラム・マネジメント」の中核的な役割を担っています。その際，助けとなるのは，教師間の協働と共有です。

　評価の方法やそのためのツールについての悩みを一人で抱えることなく，学校全体や他校との連携の中で，計画や評価ツールの作成を分担するなど，これまで以上に協働と共有を進めれば，教師一人当たりの量的・時間的・精神的な負担の軽減につながります。風通しのよい評価体制を教師間で作っていくことで，評価方法の工夫改善と働き方改革にもつながります。

「指導と評価の一体化の取組状況」

A:学習評価を通じて，学習評価のあり方を見直すことや個に応じた指導の充実を図るなど，指導と評価の一体化に学校全体で取り組んでいる。

B:指導と評価の一体化の取組は，教師個人に任されている。

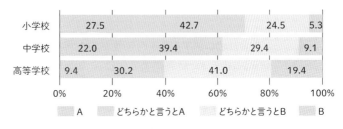

（平成29年度文部科学省委託調査「学習指導と学習評価に対する意識調査」より）

Column

Q&A －先生方の質問にお答えします－

Q1 1回の授業で，3つの観点全てを評価しなければならないのですか。

A. 学習評価については，日々の授業の中で生徒の学習状況を適宜把握して指導の改善に生かすことに重点を置くことが重要です。したがって観点別学習状況の評価の記録に用いる評価については，毎回の授業ではなく原則として単元や題材などの内容や時間のまとまりごとに，それぞれの実現状況を把握できる段階で行うなど，その場面を精選することが重要です。

Q2 「十分満足できる」状況（A）はどのように判断したらよいのですか。

A. 各教科において「十分満足できる」状況（A）と判断するのは，評価規準に照らし，生徒が実現している学習の状況が質的な高まりや深まりをもっていると判断される場合です。「十分満足できる」状況（A）と判断できる生徒の姿は多様に想定されるので，学年会や教科部会等で情報を共有することが重要です。

Q3 高等学校における観点別評価の在り方で、留意すべきことは何ですか？

A. これまでも，高等学校における学習評価では，生徒一人一人に対して観点別評価と生徒へのフィードバックが行われてきましたが，指導要録の参考様式に観点別学習状況の記載欄がなかったこともあり，指導要録に観点別学習状況を記録している高等学校は13.3%にとどまっていました（平成29年度文部科学省委託調査「学習指導と学習評価に対する意識調査」より）。平成31年3月29日文部科学省初等中等教育局長通知「小学校，中学校，高等学校及び特別支援学校等における児童生徒の学習評価及び指導要録の改善等について（通知）」における観点別学習状況の評価に係る説明が充実したことと指導要録の参考様式に記載欄が設けられたことを踏まえ，高等学校では観点別学習状況の評価を更に充実し，その質を高めることが求められます。

Q4 評定以外の学習評価についても保護者の理解を得るにはどのようにすればよいのでしょうか。

A. 保護者説明会等において，学習評価に関する説明を行うことが効果的です。各教科等における成果や課題を明らかにする「観点別学習状況の評価」と，教育課程全体を見渡した学習状況を把握することが可能な「評定」について，それぞれの利点や，上級学校への入学者選抜に係る調査書のねらいや活用状況を明らかにすることは，保護者との共通理解の下で生徒への指導を行っていくことにつながります。

Q5 障害のある生徒の学習評価について、どのようなことに配慮すべきですか。

A. 学習評価に関する基本的な考え方は，障害のある生徒の学習評価についても変わるものではありません。このため，障害のある生徒については，特別支援学校等の助言または援助を活用しつつ，個々の生徒の障害の状態等に応じた指導内容や指導方法の工夫を行い，その評価を適切に行うことが必要です。また，指導要録の通級による指導に関して記載すべき事項が個別の指導計画に記載されている場合には，その写しをもって指導要録への記入に替えることも可能としました。

文部科学省
国立教育政策研究所
National Institute for Educational Policy Research

令和元年6月
文部科学省　国立教育政策研究所教育課程研究センター
〒100-8951 東京都千代田区霞が関3丁目2番2号　TEL 03-6733-6833（代表）

「指導と評価の一体化」のための
学習評価に関する参考資料
【高等学校 国語】

令和 3 年 11 月 12 日　　　初版発行
令和 5 年 2 月 24 日　　　　3 版発行

著作権所有　　　　　国立教育政策研究所
　　　　　　　　　　教育課程研究センター

発 行 者　　　　　東京都千代田区神田錦町 2 丁目 9 番 1 号
　　　　　　　　　コンフォール安田ビル 2 階
　　　　　　　　　株式会社　東洋館出版社
　　　　　　　　　代表者　錦織　圭之介

印 刷 者　　　　　大阪市住之江区中加賀屋 4 丁目 2 番 10 号
　　　　　　　　　岩岡印刷株式会社

発 行 所　　　　　東京都千代田区神田錦町 2 丁目 9 番 1 号
　　　　　　　　　コンフォール安田ビル 2 階
　　　　　　　　　株式会社　東洋館出版社
　　　　　　　　　電話　03-6778-4343

ISBN978-4-491-04700-3　　　　　定価：本体 1,600 円
　　　　　　　　　　　　　　　　　（税込 1,760 円）税 10%